秦汉越地人物传

余全介 著

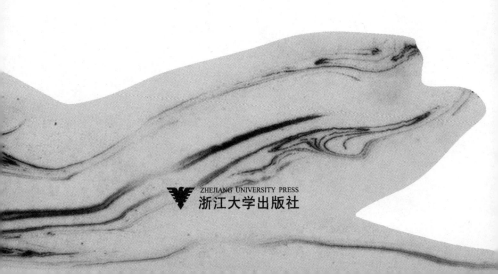

ZHEJIANG UNIVERSITY PRESS
浙江大学出版社

浙江省哲学社会科学规划课题成果

目 录
Contents

越地人物见于方志

附　录

凡　例

一、本书收录自秦至汉越地名贤一百五十五人，既有乡土所出，也指异邑寓贤。称为越地，指代汉顺帝永建四年以后会稽郡之别于吴郡者，与明代徐象梅所谓两浙之地相同。

二、本书主要依据两类材料：正史和方志。秦汉名贤为本土所出，见于正史方志，径采本传。他邑寓贤，依方志取其越地行迹。魏晋人物，依方志节其汉代事略。

三、本书正文以白话文直译人物传记。考证文字，见于脚注，时出正史、方志、他书材料以互质，力求古雅、通俗同时呈现。

四、本书所收名贤，年代久远，见于诸书。为方便读者寻根探源、按图索骥，故以史志文献为纲，布置人物出场。史志文献大体以编纂刊行先后排列。

五、人物隶于乡邑，然常有数种方志同收一人者。人物隶属，时有异同。本书列人物于方志，不作籍贯考辨，只为详述行迹。

六、本书参阅台湾成文出版社《中国方志丛书》浙江部共一百八十种。然载入正文，以传记翔实可考为准，不求府邑齐全。或有府邑，数志并列；或有县志，通篇无载。

七、方志收录人物有显误如葛洪列于汉时者不取，有争议如澹台敬伯列于越地者仍旧不改，具体情形于注解中辨明。

八、名贤传记之后，附列二表，标明文献编纂、文献版本、人物出处与分布，以便查找。

九、今人欲考秦汉越地人物，不能不查《会稽典录》与《两浙名贤录》，然此二书向无单行，又乏点校。本书附列二书标点整理文字（《两浙名贤录》取秦汉部），俾学者查用为便。

1

越地人物见于正史

《史记》

薄太后

薄太后,汉高祖刘邦的妃子,汉文帝刘恒的母亲。她的父亲是秦朝会稽郡人,姓薄氏,与魏国宗室之女魏媪私通,生下薄姬。薄姬的父亲死后,葬在山阴县。秦朝末年,天下大乱,六国遗族纷纷割据自立,魏豹自封魏王。正是在这个时候,魏媪将薄姬纳于魏宫。薄姬进宫之前,魏媪带女儿去许负那里看相。许负看完,告诉魏媪,此女形相大贵,将来所生,当为天子。此时,项羽与刘邦正在荥阳相持不下,天下形势不明朗,未来的走向很难预料。魏豹起先与刘邦站在同一阵营,共同对抗项羽。待刘、项之争处于胶着状态,魏豹已然心生动摇,此时许负之言,更加滋长了他的侥幸心理。于是他违背与汉王的盟约,保持中立,甚至暗中联络项羽,居中得利。刘邦派遣曹参攻打魏国,掳获魏豹。汉王收复魏地,废国立郡。薄姬被输送织室,与奴婢、遣遣宫女为伍。

魏豹死后,汉王巡幸织室,见到薄姬容颜美丽,便命令下官将其送到后宫。薄姬入宫一年多,始终不得刘邦召幸。薄姬年少时,与管夫人、赵子儿相约,将来如若富贵了,不要忘记彼此的友情。后来,管夫人、赵子儿先后被选入汉宫,得到汉王宠幸。有一次,管、赵二姬在一起聊天,提起当年的富贵之约,不禁感觉好笑,毕竟贵贱两重天,谁又能真正不在意身份高下,做到荣辱与共呢?她们的谈话恰巧被刘邦听到,高祖的怜悯之心油然而生,当晚便召幸薄姬。薄姬对刘邦说:"昨晚我梦见有苍龙在身上。""这是极好的征兆,我将使你如愿。"这一夜刘邦就留宿在薄姬那里。说来也巧,留宿一夜居然留下龙种。公元前 202 年,薄姬生下皇子刘恒。

高祖驾崩,生前得到宠幸的夫人诸姬,都遭到吕太后幽禁,"不得出宫"。高祖生前对戚夫人万千宠爱,令吕太后备感冷落。所以高祖死后,吕太后变本加厉,穷凶极恶,竟然将戚夫人做成"人彘"。薄姬极少得到垂幸,反而因祸得福。吕太后特地恩准她随刘恒出宫到代国去,封为代王太后。太后之弟薄昭随行。

刘恒为代王十七年,高后崩。朝廷大臣商议高祖子嗣当中,谁可立为帝位继承人?外戚势力本来是皇权的重要佐助,但是外戚过于强势却又往往危及政权。朝臣惩戒于吕氏之祸,故而放弃淮南王、齐王,择定代王刘恒。他们认为薄氏较为"仁善",不会做出吕氏的行径。于是迎立代王,立为孝文皇帝。薄太后改号曰皇太后,其弟薄昭封为轵侯。

薄太后的母亲先前已经去世,葬在栎阳之北。于是追尊薄太后之父为灵文侯,由会稽郡在其墓旁安置民户三百家,形成邑落。山阴县的高级官吏奉旨守护陵冢,按法令进行祭奠。薄太后母亲的陵园设在栎阳北部,称灵文侯夫人园,园邑安置、陵园守护、祭奠规定都跟会稽灵文侯墓园一样。薄太后由追尊父母而推广到封赏魏国旧臣,这是因为她的母亲本出魏国王室。薄太后在公元前 155 年驾崩,葬在南陵。

见于《史记》卷四十九《外戚世家》

辕终古

辕终古,钱塘人。元封元年汉武帝遣楼船将军杨仆征讨东越。东越使徇北将军驻守武林,汉军不利。徇北将军多次击败杨仆部下,并且击斩汉军长吏。辕终古以军卒身份勇斩徇北将军,

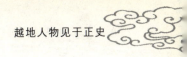

建立奇功,同年闰四月癸卯封御儿侯。太初元年(公元前104年),
辕终古去世,谥号为庄。

见于《史记》卷一百一十四《东越列传》

《汉书》

严　助

　　严助,是严忌的儿子,也有人说是严忌的族子。汉武帝掌政
以后,一改前朝与民休息的政策,大事兴造,用意开拓边疆。为了
在朝中统一意见,折服外朝百官,汉武帝多次命令郡国守相向朝
廷举荐贤良文学,充实中朝智囊力量,严助就是在这种背景下通
过举荐来到武帝身边。当时,被荐参与对策者共一百余人,严助
的对策尤其得到汉武帝欣赏,于是提拔他为中大夫。严助经常被
武帝授意与丞相公孙弘等进行论辩,用各家观点为既定政策缘
饰,那批严正守旧的大臣经常被严助等人诘难制服。在众多的中
朝官吏中,严助最受重视,吾丘寿王、司马相如、东方朔、枚皋等人
所得宠遇都要略逊一筹。

　　建元三年,闽越围攻东瓯。东瓯向汉朝告急,请求援助。当
时汉武帝未满二十,涉世未深,就此事与太尉田蚡商量。田蚡以
为越人相斗,寻常不过,不必出兵卷入其中,主张汉武帝应该采取
自秦以来置之不理的政策,不必因为越人烦扰中国。对此,严助
予以严厉反驳。他说汉朝不能采取亡秦的策略。只要条件允许,
国力强大,汉朝对于周边小国的动乱应该负起责任,尽力援助。
只有这样,才能成就汉朝的浩荡国威。于是,汉武帝诏命严助手
持符节,领兵前往救护。严助暗示南粤王将儿子送到京城作质

子,侍从皇帝周围。他又告谕淮南王刘安,让他改变先前与田蚡一致的置之不理的立场,配合朝廷发兵,赶赴前线。经过这些活动,严助的才干更加得到汉武帝赏识。有一次,严助侍从帝座,武帝竟然问起严助当年落魄乡野之时,有何恩怨难以释怀。严助对曰:"我年少时家境贫寒,经常遭到势家欺凌。"汉武帝又问:"如今发达,你最想做的是什么?"严助说:"最想做的莫过于担任会稽太守,衣锦还乡。"于是汉武帝拔擢他为会稽太守,同时特许他在任职的前几年大胆作为,朝廷不加稽查。

后来,汉武帝又派人致信严助。信中说:"因为你对在皇宫里周旋感到厌倦,对宫廷任职感到乏味,同时对于故土的怀念愈发强烈,所以才任命你为郡守。会稽之地,东边靠近海洋,南边接近百越,北边以长江为界。这么长时间过去了,不曾接到你的音讯,未知近况若何?希望你用《春秋》之意回复我,不要再用苏秦等人合纵连横的那一套。"严助接到书信,非常惶恐,上书自责,同时承诺今后三年政绩考核力求居最。此后,汉武帝索性下诏,命严助回到京城,以侍中的身份留在皇宫。每当有奇异之事,就命他撰文作赋,文辞灿烂,多有可观。

后来,淮南王刘安因为谋反被铲除,朝廷追查党羽,穷治故旧。严助曾经接受淮南王馈赠,交往亲密。汉武帝念及严助才情,有意从轻处理,不欲深究。但是当时担任御史大夫的张汤认为严助身为腹心之臣,却在外与诸侯交结,极为不忠。此种行径,不加诛除,倘有后继者,不可为治。在张汤的强烈干预下,严助最后被处以死刑,尸首运回由拳故地安葬。[①]

见于《汉书》卷六十四上《严朱吾丘主父徐严终王贾传》

---

① 万历《秀水县志》曰:"(严助)墓在天宁寺阁后。"

朱买臣

朱买臣,字翁子,汉武帝时会稽人。家境贫寒,不善于经营产业,却喜欢读书,常靠打柴维持生计。在繁重的砍伐拖运过程中,朱买臣养成了诵读的习惯。他读书的声音嘹亮悠长,响绕山林。朱买臣的妻子跟着一齐打柴,每次当他开始朗诵书篇时,总是制止他。妻子觉得打柴是食力者赖以糊口的生计,出于不得已,劳作艰苦,反而高声读书,成为路人焦点,是一件羞耻的事情。朱买臣却不这么想,打柴与诵书没什么不协调,所以他不但不收声,专心干活,反而放开嗓门,念得更加来劲。妻子实在不能容忍这种我行我素的德行,请求离他而去。朱买臣笑着说:"我五十岁一定富贵,现在四十多岁,你辛苦已久,等我富贵之后再报答你。"妻子愤怒地说:"像你这种人,终究要饿死在沟壑,怎能富贵?"朱买臣不能挽留她,只好任凭她离去。此后,前妻和丈夫上坟,碰见朱买臣边走边唱。看到他又冷又饿的样子,就招呼给他饭吃。

过了几年,朱买臣跟随上京会计的官员,来到长安。当时,与他同县的严助得到汉武帝宠幸,严助向皇帝推荐了朱买臣。召见之后,皇帝让朱买臣展示一下自己的学问。朱买臣当即谈了自己学习《春秋》《楚辞》的心得。汉武帝非常满意,拜他为中大夫,跟严助一道担任侍中。

汉武帝执政以后,为了应对丞相为首的外朝官吏,倚重中朝诸臣,大量才能出众的人才屯集在侍中群体,朱买臣即其中的一员。当东越之地变诈反复的时候,朱买臣抓住机会,向汉武帝上书。他说:"从前东越王驻守泉山,山势险要,一人守住关口,则千万兵士难以登攀。听说现在的东越王不知道守住关口,向南迁移,离开泉山近五百里,居于水泽之中。如果我们从海上发兵,直奔泉山,排好阵势,以风卷残云之势向南扫荡,东越之乱,立马可破。"汉武帝认为可行,任命朱买臣担任会稽太守。汉武帝对他说:"士人闯荡于外,如若富贵,一定要体体面面地回到故乡,否则就好像穿了一身好衣服在夜里行走,辜负了胜人之处。如今拔擢你为本郡太守,感觉如何?"朱买臣顿首称谢。汉武帝下命朱买臣先行赴郡,建造海上航行的楼船,配备作战所需的粮食与武器,等诏书一到,便和大军一同出征。

朱买臣初到京城,等待诏见,有一段时间断粮,极为窘迫,全赖会稽驻京官邸接济。当奏折久久未见答复时,守邸官吏轮流给他送吃的。拔为会稽太守之后,朱买臣故地重游,依然穿着旧日的衣服,印绶揣在衣兜,没有乘车,像往常那样步行来到官邸。恰遇郡府至京报账,会稽来的那些官吏正在觥筹交错,不亦乐乎。朱买臣进到室中,毫不声张,直接坐下吃饭。吃着吃着,守邸官员突然发现朱买臣衣兜露出官印的丝绶。觉得奇怪,就上前拿出来看看,会稽太守印!他大惊失色,连忙告知众人会稽太守正同他们一起吃饭!那些喝得忘乎所以的上计官吏根本不信,"开玩笑,不可能的事"。这批人当中有一小吏向来看不起朱买臣,他率先进屋验证。小吏定睛一看,二话没说,转身跑出,惊慌地喊道:"真的,千真万确!"大家这才有些紧张,于是赶快告知头领,呼啦啦一片,按官阶大小,伏地跪拜。此时,朱买臣才慢慢从室中踱出,接受跪拜。不一会儿,朝廷派来的专车也赶到了,于是朱买臣正式换上太守的行头,收拾妥当,乘车而去。

进到吴县境内,朱买臣恰遇前妻,她现在的丈夫是修路的役夫。朱买臣命车队停下,让后面随从的车辆载上前妻和她的丈夫,安排他们到太守馆驿吃饭。妻子为自己不识丈夫才器,感到

惭愧,上吊自杀。①

朱买臣担任会稽太守一年有余,带领军队大败东越。汉武帝对他非常赏识,升为主爵都尉。中间有事受到牵连,朱买臣一度被免官。后再度出仕,担任丞相长史。因为丞相的关系,朱买臣跟御史大夫张汤隔阂很深。为了陷害张汤,朱买臣将张汤那些不可告人的秘密,上报朝廷,构成重罪,张汤自杀。汉武帝后来追悔张汤之死,朱买臣又为此丧命,归葬故里。朱买臣的儿子张山拊后来官至右扶风。

见于《汉书》卷六十四上《严朱吾丘主父徐严终王贾传》

郑 吉

郑吉,西汉会稽人,行伍出身,跟随汉朝军队多次出征西域,立有功绩,担任郎官。郑吉为人果断坚决,对西域诸国的情况比较了解。

自张骞通西域、李广利西征之后,汉朝始在西域设置校尉,屯田于渠黎。汉宣帝时,郑吉以侍郎身份屯田渠黎,积蓄了大量的军用物资,为征战准备了物质条件。后来,郑吉伺机发动驻地周边的小国家,集结兵力,向车师国进攻,一举攻陷了他们的城池。因为建立奇功,郑吉升迁卫司马,主管鄯善国以南、以西大片区域的外交军事工作。汉宣帝神爵年间,匈奴乖张作乱,日逐王先贤掸打算向汉廷投诚,他派人跟郑吉接洽,告知自己的意愿。郑吉得到消息,迅速采取行动。他调发渠黎、龟兹等国共五万兵力前往迎护日逐王。日逐王降汉,带来百姓一万二千人,高级官吏十二人。这支队伍由北向南,浩浩荡荡,郑吉一直护送到河曲地区。

---

① 据万历《秀水县志》,朱买臣妻之墓后世称为"羞妇墓"。

部分人众行到半途,欲逃回故地,郑吉派人追还,个别顽固分子被杀头示众。匈奴降众一直被送到长安,西汉朝廷封赏日逐王为归德侯。

郑吉以卫司马的身份击破车师国,劝降日逐王,功勋卓著,威震西域。他由此得到朝廷格外重视,车师国以西、以北的大片区域也由他兼管,号称都护。所谓都护,指兼护西南、西北诸要务。这个职务的设立,以郑吉为第一人。汉宣帝非常赏识郑吉的才能,特下诏书:"都护西域骑都尉郑吉,对西南、西北的部族精心安抚,树立大汉朝廷的威信和声望,迎接并护送匈奴单于的哥哥日逐王一行人等,击破车师的兜訾城,功勋卓著,远近闻名。故特封郑吉为安远侯,食邑一千户。"郑吉于是在西域的中心地带设立幕府,治所定在乌垒城,安抚西域诸国,强梁乖张者加以诛伐,有意投诚者用心抚纳。汉朝诏令通行西域,由张骞创始,而收成效于郑吉。郑吉死后被赐谥号为缪侯,他的爵位由其子郑光承袭。郑光去世,没有子嗣,封国被撤。汉平帝元始年间,追录复封那些无罪过而失掉封国的功臣世家,郑吉的曾孙郑永被封为安远侯。

见于《汉书》卷七十《傅常郑甘陈段传》

《后汉书》

郑 弘

郑弘,字巨君,会稽郡山阴县人,他的从祖父就是赫赫有名的西域都护郑吉。郑弘年少时为县府属吏乡啬夫,太守第五伦春日出巡,碰巧见到他,非常赏识,于是任命他为督邮,并且推举为孝廉。

郑弘师从与自己同郡的河东太守焦贶，执弟子礼。东汉明帝时，楚王刘英结党谋反，案发被查，牵连众多，惊动天下。焦贶被定为楚王党羽，收捕归案。在押解赴京的途中，焦贶因病去世，妻子儿女则被官府收押。汉明帝对楚王一案严肃处理，酷刑拷打，终年不绝。焦贶曾经的门生故吏，因为害怕牵连，大都远远避开，有些人甚至改变名姓，以免追究。唯有郑弘不顾安危，为焦贶上朝鸣冤。汉明帝受到感动，有所觉悟，赦免了焦贶的家人。郑弘又亲自护送焦贶的尸首，还葬故里，照顾好他的家属。

郑弘从此名声大作，被任命为邹县县令。他体恤民情，时有善政，老百姓在他的治理下，安居乐业，民生得到恢复。后来，他担任淮阴太守。又经过四次升迁，到汉章帝建初年间，郑弘任尚书令。至元和元年，郑弘代替邓彪任东汉太尉。

郑弘已为太尉，而举主第五伦尚居司空，班次在下。但是郑弘感念昔日举荐之恩，不敢以官职自傲，每次与第五伦同朝，皆"曲躬而自卑"，极为谦恭。汉章帝明了其中缘由之后，让人在宫殿安置一个云母屏风，分隔两人，以免郑弘劳谦过度。殿中安置屏风，始自郑弘，后世以为故事。郑弘任职期间所作的上书，对于王朝政制多有裨益，大都被抄录在南宫，作为典范供后人观摩。

见于《后汉书》卷三十三《朱冯虞郑周列传》

杨 璇

杨璇，字机平，会稽郡乌伤人。杨璇的高祖父杨茂本是河东人，随从光武帝征伐，建立功勋，立为威寇将军，封乌伤新阳乡侯。建武中，就封地。杨璇的父亲杨扶曾任交阯刺史，能力出众，颇有名声。杨璇年轻时，被推荐为孝廉。随着仕宦履历增广，杨璇渐次升迁零陵太守。

当时,苍梧、桂阳等地盗贼群起,攻略郡县,侵害百姓。群贼人马众多,而杨璇手下兵众寡少,相形见绌,所以士气低落,较为恐慌。杨璇没有选择硬拼,而是施展方略,巧妙周旋。他让手下人准备好数十乘马车,每辆马车后面排好布袋,布袋里面盛满石灰;马尾巴上面绑上布条;配置适于箭战的兵车。准备妥当,杨璇派使者跟贼首约定交战日期。战斗打响的那一天,杨璇把马车布置在阵前,扬起石灰。布袋中的石灰借助风势,吹向对面,熏得群贼难以睁眼。这个时候,他命令兵士点燃马尾巴上面的布条。群马惊惧,踏向敌阵,盗贼瞬间就被冲垮。紧接着,杨璇手下乱箭齐发,战鼓雷鸣,一时间,盗贼魂飞魄散,四处逃窜。经此打击,盗众死丧惨重,盗贼头领也被枭首示众,苍梧、桂阳等地的民众重获安宁。

荆州刺史赵凯,上告朝廷,妄说讨贼奇功出于他人,杨璇并未筹划,只是冒领其功。杨璇得知之后,上表申诉,奈何赵凯有党羽相助,颠倒黑白,于是杨璇被押,锒铛入狱。狱卒严加防范,难得申理。杨璇咬破手臂,用鲜血在衣服上写字,详细描述了破敌致胜的情形,揭穿赵凯肆口诬蔑的内在缘由。这封血书被杨璇的亲眷秘密送到朝廷。皇帝在了解真相之后,下诏释放杨璇,拜为议郎,赵凯则反受诬告之罪。屡经升迁,杨璇官至渤海太守,政绩突出。后来尚书令张温上表,向朝廷推荐他,拜为尚书仆射。杨璇后来以疾病为由,请求辞官,在老家去世。

见于《后汉书》卷三十八《张法滕冯度杨列传》

钟离意

钟离意,字子阿,会稽郡山阴县人。年轻时做过郡府督邮。属县有一个亭长在办事过程中,接受了别人馈赠的美酒。这件事被上报到郡府，列入督邮的考案条目，但是钟离意把上报材料退了回去，不予受理。他对太守侯霸说："《春秋》大义讲究治理国家，首先关注内务，然后修理外政，内务不修理，则难以治外。我们如果要取得良好的政绩，首先应该平治郡府内务，边鄙县城的小是小非不妨暂且忽略。"侯霸非常赞同他的意见，让他主管县级事务。

钟离意后来被举荐为孝廉，仍然在侯霸手下任职，侯霸任司徒，他为司徒掾。有一次，钟离意护送刑犯去河内，当时天寒地冻，囚徒行走困难。途经弘农郡时，钟离意让该郡属县为刑犯准备寒衣。属县虽然最后提供了寒衣，但是此事向无前例，县府之举也是迫于钟离意的压力。事后，他们向朝廷汇报情况，而钟离意也将事情经过形成文字，上报京城。光武帝拿到这两份材料，递给司徒侯霸看，"侯公真有眼光，您的掾吏宅心仁厚，好的官吏都应该像他这样"。后来才知道，钟离意不仅为这批囚犯配置冬衣，而且解开枷锁，与他们约定时日，赶往河内。或许有感于钟离意的宽厚，这批囚犯竟然无一逃脱，做到如期而至。

在钟离意担任瑕丘县令的时候，他手下有个官吏叫檀建，知法犯法，在县境范围做贼为盗。钟离意秘密审讯，檀建伏法认罪。鉴于他诚心认罪，钟离意不忍严惩。但是檀建的父亲说："无道的统治者杀人用刀，所以人们充满仇恨与不满。有道之君用道义惩罚过错，所以他虽然不加严惩，你自己也会羞愧不堪，觉得再无颜面活在世间。"于是他拿出毒药递给檀建，让他饮毒自尽。

钟离意在任堂邑县令的时候，村民防广私报父仇，被抓进监狱，他的母亲恰巧在这个时间去世。防广痛苦哭泣，饮食不进。钟离意看到他那哀伤的样子，非常同情，就释放防广回家，准其安葬母亲。防广料理好后事，果然遵守诺言，自动返回监狱。钟离意觉得他这个人非常孝顺，言而有信，就暗地里上书为他申求宽待。防广最后真的没判死刑。

　　东汉明帝时期,钟离意被召回朝廷,担任尚书。那时,交阯太守张恢贪赃枉法,被朝廷察处,赃物都被收缴到大司农国库。明帝下诏,将赃物取出,分给群臣。钟离意分得珠玑,但他毫无感激之意,将珠玑抛掷在地。明帝问他何意,钟离意说:"孔子口渴难忍,也不愿意去饮盗泉的水。曾参听说闾巷命名为胜母,即刻离去。为什么呢? 因为名声难听。这些珠宝虽然精致,但是它们是赃物,枉法所得,实在不宜封赏群臣,因此不行拜谢。"明帝听罢,慨然叹息。"钟尚书之言,真是清廉者的心声!"于是从国库中另外拿出三十万钱,作为奖赏,赐给钟离意。后来,钟离意升为尚书仆射。汉明帝喜欢到广成苑游猎。钟离意认为皇帝如若沉溺游猎,必然荒废朝政,于是他拦在御车之前,极力谏止。明帝没有办法,只好掉转马头,回宫。

　　汉明帝永平三年夏,天下大旱,北宫发生火灾。钟离意赶往皇宫,请求免除冤狱,宽赦刑徒,明帝表示同意。说来也怪,天空立刻下起大雨,旱情得到缓解。汉明帝为人偏激苛刻,喜欢发露群臣的隐讳私情,公卿大臣经常遭到诋毁,有时甚至遭到鞭挞棒打。上行下效,群臣相率以严切为高,竞相苛责,唯独钟离意敢于顶撞明帝的政策。每当明帝要求他严苛执事时,他都退回诏书,不予理会。如果大臣有什么过失,钟离意则尽力营救。汉明帝虽然知道钟离意忠诚正直,但老是顶撞自己,有损帝王威严,不利于皇帝掌政,因此钟离意在宫中难以久处。钟离意后来果然离开了京城,出任鲁国的丞相。

　　德阳殿终于建成,百官大会,竞相歌颂。汉明帝想起了钟离意的话,对百官公卿说:"如果钟离意尚书还在,这座德阳殿就建不起来了。"钟离意担任鲁国丞相五年,处处以百姓为念,最后死于鲁相任上。

见于《后汉书》卷四十一《第五钟离宋寒列传》

王　充

　　王充,字仲任,会稽郡上虞人,他的祖先从魏郡元城迁徙到会稽。王充年少时就成了孤儿,乡里人都称赞他孝顺。后来到京城太学学习,拜扶风人班彪为师。王充喜欢博览群书,但是不死记章句。家里穷没有书,他就经常去逛洛阳集市上的书店,阅读那里所卖的书。王充记性好,很多书他看一遍就能够过目成诵,他由此精通了百家之言。王充后来回到乡里,住在家里教书。会稽郡征聘他为功曹,因为多次和上级争论,意见不合,故而辞职离开。

　　王充擅长辩论,开始的话好像很诡异,最后却又是实在的结论。他认为经生俗儒在读书治学的过程中,大多都失去了儒家思想的本质。于是他闭门思考,谢绝一切庆贺、吊丧礼节,窗户墙壁都放着刀和笔,写就《论衡》八十五篇。这部书共二十多万字,解释万物异同,纠正了时人的许多误会,解答了各种疑惑。

　　刺史董勤征聘他为从事,改任治中,但是他选择辞职回家。他的朋友同郡人谢夷吾上书推荐王充有才学,汉章帝下诏,派遣公车延聘他,因为得病没有去。王充此时年近七十,体力和脑力都衰弱了,于是写作了《养性书》十六篇,倡导节制欲望,静养精神。汉和帝永元年间,病死在家中。

　　见于《后汉书》卷四十九《王充王符仲长统传》

魏　朗

　　魏朗,字少英,会稽郡上虞人。年轻时在县府任小吏。他的哥哥被乡里人杀害,魏朗奋不顾身,为兄报仇。杀死对方之后,他改换名姓,逃到陈国,师从博士郤仲信学习《春秋图纬》,又到太学研习经学。京城的士人领袖皆争相与之交往,魏朗的声名由此大振。

魏朗先在司徒府任职,后又担任彭城县令。当时,宦官子弟多在郡国任相,常做一些违法的事情。魏朗抓得罪证,立马上奏朝廷,因此与宦官有隙。赶上九真之地盗贼群起,宦官们联手举荐魏朗任九真都尉,给他设个陷阱。谁知,魏朗到任以后,厉兵秣马,奖励勇战,一举扫平盗贼,斩首二千余级。汉桓帝对他的才干赞赏不已,征召他任议郎。不久,又迁为尚书。

魏朗多次向桓帝提出建议,对朝政多有补益。此后,他又外出担任河内太守,次二千石。在河内太守任上,魏朗政绩卓著,超越同僚。[①] 尚书令陈蕃上疏推奖魏朗,说他忠诚公正,最宜任职机密。于是魏朗再次被任为尚书。这个时候,党锢之祸悄然来临,魏朗被认定为党人,罢免官职,禁锢出仕。

魏朗为人严肃端庄,即便退处家中,也要严格制定法度。家人在他身边时,不敢有丝毫懈怠。党锢之祸愈演愈烈,士人首领窦武被诛,已经罢遣归家的魏朗也被征召,赶往京城。行到牛渚的时候,他自杀身亡。魏朗曾经写过几篇文章,结集为《魏子》。

见于《后汉书》卷六十七《党锢列传》

朱 俊

朱俊,字公伟,会稽郡上虞人。朱俊从小就失去父亲,母亲靠贩卖绢丝养家糊口。朱俊对母亲非常孝顺,远近闻名。他曾为县

---

① 严耕望《两汉太守刺史表》:"桓灵之际,政为三河表,至建宁二年十月坐诬为钩党,下狱死。"商务印书馆1948年版,第112页。

府门下书佐,重义轻财,深得乡里父老敬重。上虞县长度尚曾经向会稽郡太守韦毅推荐朱俊,于是,他慢慢开始在郡府担任一些职务。后来,新太守尹端任命朱俊为主簿。熹平二年,尹端讨伐会稽许昭失败,被扬州刺史检发,按罪应处以死刑。为了解救尹端,朱俊轻装打扮,抄小道,揣重金,赶到京城。他打通主管章奏的官吏,修改了扬州刺史的奏章,把尹端的死罪取消,改为输作左校。尹端意外捡了一条命,大喜过望,却不知道自己为何与死亡擦肩而过,朱俊则始终不提此事。

此后,徐珪接替尹端担任会稽太守。徐珪举朱俊为孝廉,并让他担任兰陵县令。朱俊表现优异,政绩卓著,东海相特为上表,加以称扬。熹平二年,交阯刺史所部盗贼蜂起,牧守软弱,无力禁止。盗贼梁龙聚众万人,与南海太守孔芝一道反叛,攻破邻近的郡县。交阯形势日益严峻,此时朱俊被任命为刺史。得到任命,朱俊立马回到本郡,挑选家兵,调发士众,组成一支五千人的队伍,分两路直奔交阯。到州界后,朱俊整束人马,按兵不动。同时,他派使者到南海郡察看虚实,宣扬威德,震慑敌心,分化盗贼。接着,他调集七郡兵士,一齐进逼,成功斩杀了梁龙,逼降数万人。旬月之间,州郡平定。朝廷论功行赏,封他为都亭侯,食邑一千五百户,赐黄金五十斤,并征他入朝担任谏议大夫。

中平元年,黄巾爆起,朝中公卿都推荐朱俊,认为他才略出众,可堪大任。因此,朝廷任命他为右中郎将,持节,与左中郎将皇甫嵩一起讨伐颍川、汝南、陈国诸地的反众。很快,这几个地方的暴动得到平定。朱俊因为建立功劳,进封为西乡侯,同时迁任镇贼中郎将。

南阳黄巾首领张曼成起兵,自称"神上使",拥众数万,杀害郡守褚贡,屯驻宛城百余日。新任太守秦颉击斩张曼成。黄巾余众又举赵弘为帅,人数越来越多,达到十几万人。朱俊与秦颉、荆州刺史徐璆合兵,共一万八千人,进击赵弘。战事从六月一直持续到八月,官军始终不能取胜。有人上奏朝廷,建议召回朱俊。司空张温上疏劝阻,他说:"当初秦国任用大将白起,燕国任用乐毅,都经过旷年征战乃可建立功勋,不总是马到成功,况且朱俊讨伐颍川盗贼,已有成效。这一次他挥师南指,讨伐的策略已经成熟,我们应该有这个耐心,静候佳音。军法上非常反对临战换将,认为这是大忌。我觉得最好给他们多一些时间,再作决议。"汉灵帝采纳张温的建议,没有调回朱俊。张温的预断非常准确。不久,朱俊就在周密的部署下,猛攻宛城,正是在这次围攻中,赵弘被斩头。

黄巾余部又推韩忠为首,仍然据有宛城,抵抗朱俊、徐璆等联军。发现敌我力量悬殊,朱俊决定扩大包围,安好营寨,在城墙外堆起土山,居高临下,观察敌城内部情况。他让士兵击鼓喧噪,造成要进攻西南城墙的假象,守城的黄巾军赶紧调兵增援该处,全力以赴。敌军的调动,朱俊看在眼里,然后,他亲率经过挑选的精锐部队猛攻东北城墙。敌人因为重防西南,所以放松了对东北角的防守。朱俊顺利攻到城中,宛城也被拿下。

韩忠率领剩下的部队,逃到一座小城,据以保命,然后向朱俊求降。司马张超、刺史徐璆、太守秦颉都准备接受韩忠投降,朱俊不同意。他说:"有战争,自然有投降和受降,但是今日不宜接受韩忠的投降。这与以往的纳降表面相似而实际不同。西汉初年,招揽投降的情况很多。当时天下扰乱,没有固定宗主,不存在忠与不忠的情况,所以只要有人投降,就应该加以安抚。然而,时至今日,天下一统,共尊刘汉,只有黄巾图反。我们不应该接受他们投降,否则,会鼓励更多人起来造反。当情形有利时,他们肆意侵虐;当情形不利,他们投降保命。因此受降不利于劝善惩恶。"于是徐璆、秦颉采纳朱俊的意见,将韩忠余部团团包围,形成一个铁桶阵。然而,韩忠的部队誓死顽抗,汉军多次进攻,皆无功而返。朱俊登上土山,向城中瞭望,回头对司马张超说:"韩忠的部队看见外面水泄不通,而城中统帅求降不成,督战甚严,所以以死抵抗。万众一心,所向无敌,何况现在敌人有十余万人,他们结成一条心,更是无法摧破。我们不如撤围,把部队调回城中,韩忠他们看到包围撤掉,必定拼死逃命。只要他们开始逃跑,原来坚守的态势就被打破,这样的敌人最容易被击败。"于是他们有意识撤掉了一些包围的士兵,留出逃生的口子。韩忠的士兵被围既久,忽然看见机会,果然逃出城外,阵脚大乱。朱俊抓住机会,大举进攻,敌人溃不成军。朱俊率部乘胜追击,斩首万余级。韩忠投降,剩下的兵士全部解散。汉灵帝派遣使者手持符节拜朱俊为右车骑将军,班师凯旋。回到京城,升迁为光禄大夫,增加食邑五千,改封钱塘侯。因为母亲去世,朱俊归家持丧。守丧结束,重又出仕,被任命为将作大匠、少府、太仆。

黄巾之后,群起反抗朝廷的尚有黄龙、白波诸部,队伍规模不一,大的一般二三万人,小的也有六七千人,不致酿成大患。常山人张燕,骁勇非凡,军中称为"飞燕"。此人勇悍无比,而且擅长安抚士卒,深得拥护,聚众百万,被称为"黑山贼"。黄河以北的各大郡县,都遭到"黑山贼"的侵掠破坏。这股势力越来越大,逐渐波及河内郡,离首都洛阳已经很近,对东汉政权构成严重的威胁。这个时候,朱俊再度临危受命,出任河内太守。他率领旧部,击退"黑山贼",解了燃眉之急。后来朱俊担任光禄大夫,转城门校尉、河南尹。

此时,董卓开始专权。因为朱俊是朝廷的功臣宿将,他表面上敬重朱俊,表现得非常亲密,但是内心则对他极为忌惮。初平元年,董卓坏乱朝纲,关东州郡兴兵讨伐,推袁绍为盟主,兵锋甚盛。董卓颇为担忧,多次召集公卿大臣商议迁都长安,朱俊坚决

　　反对迁都。见朱俊跟自己意见相左，董卓心怀不满，但是又想借用他的声望号召臣民，所以不便直接对立。于是董卓上表推荐朱俊为太仆，作为自己的副手。

　　使者拜上太仆印绶，朱俊不肯接受。他说："首都如果西迁长安，将使关东势力更加强盛，天下百姓必将惊恐失措。我认为迁都之议极为不妥。"使者说："我们来是拜您为太仆，辅助相国，您不接受。我们并没有谈及迁都之事，结果您却主动表白，这是为什么呢？"朱俊义正辞严地说："担任董相国的副手，不是我能力所及。迁都长安，不是急务。我作为大臣就是要推辞能力不及的任职，谏止不合时宜的举措，这是我的本分，有什么奇怪呢？"使者责问："迁都的事情，我们并没有听到风声，请问您是从哪里听到这回事的？"朱俊说："相国董卓曾就此事跟我商量，你们说我应不应该知道呢？"使者没有办法折服他，所以也不再强求他接受印绶。

　　董卓后来还是强行迁都长安，因为朱俊不与自己同心，所以让他留守洛阳。朱俊因此跟关东将帅互通信息，答应为他们做内应。后来因为害怕董卓派轻骑袭击，朱俊弃官不做，逃往荆州。他同时给各州郡发了讨伐董卓的檄文，号召大家团结起来，同仇敌忾。徐州刺史陶谦派了三千精兵作为响应，其他各州郡也都派了一些兵士。于是陶谦上表请朱俊担任车骑将军，总率盟军。董卓闻讯，安排李催、郭汜等率领数万人驻守河内，专门抵抗朱俊率领的盟军。朱俊出征，被李、郭击败。他自知寡不敌众，便停驻关下，不再前进。

　　初平三年，董卓被王允、吕布等杀死，李催、郭汜随即控制朝政。此时，朱俊尚在中牟。陶谦向来推重朱俊，认为他是东汉名臣，战功赫赫，可以担当重任。所以他跟关东的诸位豪杰商量，共推朱俊为太师，发布檄文，号召州牧共同讨伐李催，奉迎天子。碰巧，李催此时采纳太尉周忠与尚书贾诩的建议，征召朱俊入朝。

朱俊手下的将领都觉得此去长安凶多吉少，比较赞成他接受陶谦的推举。面对选择，朱俊说："作为大臣，如果君主有命，理应闻讯起驾，不可滞留。何况这次是天子亲自下诏征召我呢？李傕、郭汜都是一些难成气候的小人，樊稠只是一个平庸鼠辈，这些人都没有远大的志向与深远的谋略，不难对付。而且他们势力相当，互相牵制，我在中间伺机而动，一定有机会成就大事。"于是他拒绝陶谦荐举，接受李傕的征召，重又出任太仆一职。陶谦等人只好作罢，不再提推举之事。初平四年，朱俊代替周忠担任太尉，录尚书事，复行骠骑将军事，手持符节镇抚关东。朱俊还没有出发，李傕就杀了樊稠，而郭汜又与李傕构成嫌隙。两个人回过头来，自相残杀，长安城中一片混乱。朱俊因此留滞在长安，拜为大司农。汉献帝下诏朱俊、太尉杨彪等十余人，让他们劝说郭汜，与李傕和好。然而，郭汜不但不肯与李傕化干戈为玉帛，反而留拘朱俊等人作为人质。朱俊向来刚强，居然遭到郭汜拘羁，气火攻心，当天就发病去世。朱俊之子朱晧，亦有才行，官至豫章太守。

见于《后汉书》卷七十一《皇甫嵩朱俊列传》

龙丘苌

龙丘苌，太末人，在九峰岩隐居。王莽篡汉，罗致英才，龙丘苌信守大义，忠节不亏，不愿意在新莽朝出仕。王莽接连派人征辟，但是龙丘苌坚决不予理会。更始元年，任延担任会稽都尉。掾吏提议让龙丘苌出来做事，任延说："龙丘苌这位老先生信守德义，有伯夷、原宪等古贤人的高风亮节，即使我亲自恭请，还怕人家不应允，哪敢派人去呢？"任延于是派功曹先行拜见龙丘苌，奉送平常用的医药。官吏礼赐，相望于道，络绎不绝。这样的礼遇持续了一年，龙丘苌终于有所感动，表示愿意为任延做事。任延

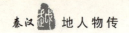

不敢委屈他,再三辞谢,最后任命他为议曹祭酒,相当尊重。不久,龙丘苌因病去世,任延亲临持丧,三天不听政事。从此,会稽郡的贤士大夫纷纷出隐入仕,士风大改。

见于《后汉书》卷七十六《循吏列传》

孟　尝

　　孟尝,字伯周,会稽郡上虞县人。孟尝年轻时砥砺品行,在郡府任户曹史。上虞县有一个寡妇,对待婆婆非常孝顺。婆婆年老体衰,寿终正寝。但是丈夫的妹妹总是怀疑寡妇的人品,对她充满嫌忌。母亲去世后,小姑子诬陷孝妇,说她不愿意抚养年老的婆婆,用药毒死了老人。在证据严重不足的情况下,小姑子把孝妇告到官府。郡守不加细察,论定孝妇行凶,判处死刑。孟尝察觉孝妇是被冤枉的,他跟太守反复申说,但是太守不予理会,不为孝妇改判。孟尝在官府门外痛哭流涕,希望能让太守回心转意,但是孝妇最终还是蒙冤而死。这件事让孟尝深感压抑和灰心,于是他以病为由,辞官回家。说来也怪,自从孝妇冤死之后,会稽境内接连两年大旱,太守率领吏民四处祈祷,不见成效,百姓颗粒无收。后来,殷丹出任会稽太守。他多方打听旱灾为什么如此严重。这个时候,孟尝赶到郡府,详细地向太守陈述孝妇的冤情。他认为冤狱感动上天,导致阴阳不和,出现亢旱。他说:"西汉时期东海孝妇蒙冤而死,感动天气,以致大旱连年。后来于定国的父亲直言冤情,改葬昭雪,甘霖立降。今天我们应该严惩诬告者以告慰冤魂。这样也许可以求得大雨。"殷丹听从他的话,严惩那个小姑子,并且隆重地在孝妇墓前祭拜。天空立刻下起大雨来,庄稼因此得到好的收成。

　　孟尝后来被推为孝廉,选拔为茂才,担任徐县县令。刺史和太守都上表称扬他的政绩，因此升为合浦太守。合浦这个地方不出产粮谷，临近大海，珠宝较多。合浦与交阯比邻，商贩往来，食货进出，贸易较为发达。之前的太守，贪赃枉法，私相聚敛，以致珠宝逐渐流到交阯边界，商贩也不再聚集到合浦境内。货币缺乏，贸易不行，以致行旅之人多有饿死于道路。孟尝上任之后，改革旧政，祛除弊病，仔细倾听民间疾苦，站在百姓立场考察政治得失。不到一年，珠宝重新聚集在合浦境内，百姓也返回到故地，安居乐业，商货往来，好不繁荣。孟尝的善政得到民间普遍赞赏，被视为神明之助。

后来，孟尝上书，自称有病，因此朝廷下诏，将其征还。当地百姓和官员听到消息，纷纷攀援马车，不愿意他离开。孟尝见自己难以前行，就搭乘乡民的便船，借着夜色悄悄离去。此后，孟尝挑选了一个穷乡僻壤作为藏身之所，躬自耕作，稼穑不倦。临近郡县的乡民钦慕他的高风亮节，纷纷在他的草庐旁边安家，渐次形成一个百余户的小村落。

东汉桓帝时期，尚书杨乔与孟尝同郡，他向朝廷荐举孟尝。杨乔在上书中说："我曾经七次向朝廷进表举荐原合浦太守孟尝，但是因为身份低微，我的意见始终不被朝廷重视。尽管我一片赤诚要为朝廷推荐贤才，但是也只能一次又一次感叹人微言轻。孟尝为人以仁爱为本，宽宏大度，根本德行，不求非分，清廉自守。他在合浦任职期间，变革当地官吏的作风，使得珠宝重新聚集到合浦境内，贸易往来与百姓生活重新得到保障。南海之地，虽然不出产粮谷，但是聚敛黄金珠宝更为便捷，而孟尝没有浑水摸鱼，借机发财。他清身离开富饶之地，躬耕田亩，清淡自处，不事张扬，不自抬身价。孟尝不是可有可无的饰品，而是朝廷的栋梁。如此难得的栋梁之才却不被明察，弃之沟壑，沉沦下流。时光流逝，人才凋零，我感伤圣主不得贤佐，以至流涕不止。"杨乔的上书恳切感人，但是孟尝终究没有获得机会，再次出仕。大概在七十岁的时候，孟尝在家中去世。

见于《后汉书》卷七十六《循吏列传》

黄　昌

黄昌，字圣真，会稽郡余姚人，家世孤微。黄昌住在学官附近，经常看到儒生演习功课，非常喜欢，于是开始研习经学。除了研经，黄昌也明习文法，在郡府担任决曹掾。扬州刺史巡查所部郡县，见到黄昌，十分赏识，提拔他为从事。此后，黄昌担任宛县县令，为政以严猛著称，提倡告发奸私，严惩不法。后来，升为蜀郡太守。前任太守李根年老恍惚，为政多有悖乱不当之处。黄昌刚一就任，鸣冤不平者多达七百人。他一一为之理治昭雪，百姓无不心服。有一次，手下捕得盗贼头领一人，黄昌严刑拷打，迫使他写出所辖各县为非作歹者的姓名、住处。于是，他部署力量，分头追捕，目标全部抓获，其他盗贼闻风逃窜，纷纷跑到别的郡县，蜀郡治安顷刻好转。其后，黄昌担任河内太守。汉顺帝永和五年，他被朝廷拜为将作大匠。汉安元年，进补大司农。黄昌去世时，官居大中大夫。

当初，黄昌任州书佐时，他的妻子回娘家探亲，道路上遭到强盗劫掳。几经辗转，流落到蜀郡，嫁为人妻。因为犯事，她的儿子遭到官府追查，案件后来报到黄昌这里。听其口音，黄昌判断她不是蜀郡本地人，于是问她家在哪里。"我本是会稽郡余姚县戴次公之女，州书佐黄昌之妻。有一次，我回家探亲，被盗贼劫夺，流落到这里。"黄昌听罢，大吃一惊，忙问道："你既然说是黄昌之妻，请问你可知道黄昌身上有何奇异之处？""黄昌左脚的脚心有一个黑点，他常说那是吉庆的标志，自己以后必定官居二千石。"

黄昌听罢,疑虑顿消,出示脚心,彼此相认。世事如梦,二人抱头痛哭,重新做回夫妻。

黄昌在范晔《后汉书》中被归入"酷吏",与阳球、李章为等辈。本传有两件事情体现了他敢于杀伐的特点。黄昌任宛县县令时,车盖被偷。黄昌不动声色,悄悄地展开追查。不久,他发现竟然是自己的手下监守自盗,知法犯法。于是他派亲信取回车盖,同时收其全家,满门抄斩。百姓见其灭门杀伐,心惊胆战,但是又佩服他铲除内贼,不为官官相护。第二件事情发生在黄昌任陈国丞相的时候。辖县有大户彭氏,一向为非作歹,不自检束。黄昌每次外出巡查,彭氏妇女都要登楼指点,观望嬉笑。黄昌早有不满,后来借事发挥,将彭氏捉拿归案,论罪处死。

见于《后汉书》卷七十七《酷吏列传》

赵 晔

赵晔,字长君,会稽山阴人。赵晔主要活动在东汉前期,[①]早年一度担任县吏。有一次,赵晔奉上级之命迎候督邮。这件事,让他深感耻辱,于是留下官府的车马,弃官而去。赵晔来到犍为郡武阳县,师从大学者杜抚,研习今文韩诗,深究堂奥,尽得其学术精华。赵晔一心向学,不问世事,与家人音讯隔绝整整二十年。家中以为他已不在人世,为他举办丧事,奉行祭祀。

---

① 范书本传无赵晔生卒年月,但是综合张觉《〈吴越春秋〉考》、梁宗华《论〈吴越春秋〉的作者和成书年代》、许殿才《〈吴越春秋〉说略》等观点,可知赵晔主要生活于东汉前期,大约在明帝到和帝期间。上述文章分别见于《中国图书馆学报》(双月刊)1994 年第 1 期、《苏州大学学报》(哲学社会科学版)1999 年第 3 期、《史学史研究》2007 年第 1 期。另,赵晔字长君,乾隆《绍兴府志》与《嘉庆山阴县志》均作"赵煜,字长君"。

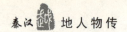

　　杜抚去世，赵晔张罗丧事，安葬业师。料理好后事，学有所成的赵晔，回到乡里。扬州刺史征召他为从事，赵晔没有应召。因为才行出众，州里后来又将他作为"有道"之士向朝廷推荐。但是，回乡之后的赵晔，闭门不问世事，潜心著述，最后在家中去世。

　　赵晔所著有《吴越春秋》、《诗细》、《历神渊》诸种。东汉大学者蔡邕来到会稽郡，读到《诗细》，大有感慨，以为该书优于王充的《论衡》。蔡邕返回京城，不断地向学者介绍和推荐，以致当时的学人纷纷拜读此书。非常可惜，《诗细》已经失传。《吴越春秋》原书十二卷，今存十卷。前五卷叙述春秋吴国史事，起自吴太伯，迄于夫差。后五卷记越国之事，始于无余，终于句践。从少康封庶子无余于会稽起，比《越绝书》更详细地记述了句践战败、向吴称臣、三年返越、部署复国、灭吴称霸的过程。该书糅合正史、稗史、民间传说等资料汇集而成，虽非正史，却可补遗缺，后人注释《史记》、《文选》、《水经》等书，引用了该书不少记载。元代徐元祐认为赵晔的《吴越春秋》出自东汉，去古未远，赵晔本人又出自山阴，所叙吴越故事，比诸他书更为详尽可据。其书上考天时，下察物变，洞悉时势，见微知著，至为深奥。他对于盛衰成败之迹，反复推论，尤为用心，可以劝诫万世，以为龟鉴。

　　　　　　　　　见于《后汉书》卷七十九下《儒林列传》

张　武

　　张武，由拳人。张武的父亲张蒙为郡府掾吏。有一次，护送太守妻室回乡，不料在河内地境遭遇强盗。为了保护太守的妻儿老小，张蒙英勇战死。张武长大以后，带着父亲留下的宝剑，来到当年父亲战斗的地方，进行哀悼。他触景伤情，泣不成声，路人都被他的悲伤所感动。会稽太守第五伦对张武的孝道非常赞赏，举荐他为孝廉。张武的母亲去世以后，他极度悲伤，守丧尽礼，超越常度，过于毁损，不久去世。

见于《后汉书》卷八十一《独行列传》

戴　就

　　戴就，字景成，会稽郡上虞县人，曾在郡府任仓曹掾。当时扬州刺史欧阳参向朝廷举报会稽太守朱公浮，说他贪赃枉法。戴就作为掾吏，被刺史从事薛安收付于钱塘狱。严刑拷打，历经磨折，但是戴就不为所动，言辞不屈。狱吏要他把烧得通红的铁斧挟在腋下，只见皮肉焦烂，坠落在地，而戴就毫不示弱，"你们最好将铁斧烧得更红一些，不要让它一下子就冷了"。此后，每次上刑前，戴就都不进食，将身上掉下的肉拾起来吃掉。狱吏无可奈何，只得使出毒招，把他捆在地上，将一只小船扣在他身上，用马粪去熏他。两天一夜，戴就躺在船底，动弹不得。狱吏以为此次必死无疑，但是当他们翻开小船，却发现戴就正张大眼睛，破口大骂："你们这些废物，为什么不接着放火，而只是熏烟。"狱吏们很少遇到这样倔强的人，于是向上级报告。薛安亲自召见戴就，对他说："会稽太守罪名昭著，铁证如山，我们奉命求证，你为什么甘受酷刑，阻挠我们的调查工作呢？"戴就以手按地，义愤填膺道："太守作为二千石的亲民官吏，是天子与之剖符相信的大臣，他们自当以死报效国家。您有朝廷任命，应该明察冤屈，纠正错谬，怎么能够诬陷好人，严刑逼供，颠倒黑白呢？我戴就赴死之时，也就是你们遭到报应的开始，我一定会向天帝鸣冤。如果我还有一口气在，必将亲自砍掉你们的脑袋。"薛安被戴就的忠诚和胆量慑服，松开他的枷锁，将会稽太守案上报朝廷。朱公浮因此被押到京

27

城,接受进一步处理,戴就则声名大振。后任太守刘宠举他为孝廉。戴就最后死于疾病。

见于《后汉书》卷八十一《独行列传》

谢夷吾

　　谢夷吾,字尧卿,会稽山阴县人。谢夷吾年轻时任郡吏,会稽太守第五伦对他非常信任,举荐他为孝廉,担任寿张县令。汉明帝永平十五年,蝗虫成灾,侵害五谷。后来蝗灾蔓延,波及相邻的郡县。让人感到蹊跷的是,当漫天盖地的蝗虫经过寿张时,它们径直飞过,没有下降作害。因为政绩卓著,谢夷吾后来升迁为荆州刺史。汉章帝有一次到鲁阳巡查,下诏让谢夷吾当场审查案件。他挑出三百多个案件做示范,处理结果与皇帝所执基本吻合。汉章帝叹息不止:"如果诸州刺史都像谢夷吾这样尽职干练,朕就不用为天下操心了。"后来,谢夷吾担任巨鹿太守,任职期间,体恤民情,关爱百姓,政绩较为突出。第五伦曾请班固专为撰文,向朝廷推荐谢夷吾。期间,谢夷吾因为行动失检,被贬为下邳县令。事情真相是谢夷吾在春季的例行巡察中,没有乘坐太守的专用车辆,而是带着两个小吏,乘坐简陋的小车,行走在路上。冀州刺史在告发谢夷吾时,说他的行为不合法度,草率随意,失去太守的威严。

　　谢夷吾学问广博,尤为擅长风角、占候之学。太守第五伦刚刚提拔他为督邮时,他做了一件非常奇异的事情。当时,乌程县长被告贪赃枉法,第五伦派谢夷吾前往核实并将其捉拿归案。但是,谢夷吾到了乌程之后,并未开展侦察和结案工作,只是对着县府楼阁大哭,哭完就回去交差了。谢夷吾此举,让整个乌程县都感到奇怪,他们不知道谢夷吾究竟在做什么。第五伦得知之后,

28

也很纳闷。谢夷吾对他说："我学过占候之学，到当地一看，知道乌程县长马上就要死了，不需要我们用刑。他在世的日子少则一月，多则两月。"第五伦半信半疑，但是姑妄听之。大概过了一个月的时间，驿使送来县长印绶，乌程县长果然去世。这件事情之后，谢夷吾在第五伦心目中的地位更高了。谢夷吾对自己死亡的日期也有非常准确的预断。到了那一天，果真去世，没有差讹。他在临终时对自己的子女说："汉朝末期，天下将会大乱，硝烟四起，民不聊生，将会出现生灵涂炭、尸横遍野的惨相。"所以，他让子女为自己实行悬棺葬法，不采用通常的土葬法。

见于《后汉书》卷八十二上《方术列传》

韩　说

韩说，字叔儒，会稽郡山阴县人。韩说学识渊博，熟悉儒家五经学说。对于阴阳图纬之学，他也比较了解。州郡首长举荐他为孝廉，他跟议郎蔡邕关系亲密。韩说多次向朝廷预报灾害，并且奏献歌赋与连珠文，慢慢升迁为侍中。

光和元年十月，韩说上书给汉灵帝，说："本月底将会发生日食现象，乞请朝廷百官届时统一郑重着装，以示肃敬。"汉灵帝采纳了他的建议，结果真的如他所言。中平二年二月，韩说又秘密上书，预断某月某日皇宫里面将要发生灾害。等到那一天，南宫果真发生火灾。因为韩说推断不妄，有据有验，所以升迁他为江夏太守。后来有事被告，免去官职。七十岁的时候，韩说在家中去世。

见于《后汉书》卷八十二下《方术列传》

赵 炳

　　赵炳,字公阿,东阳人。他会"越方",可以用气息控制别人的行动。如果他运气一指,别人就不能站起来。如果他对老虎运气,老虎就只能趴在地上,低下头,闭上眼,浑身无力,易于捆绑。钉进木柱的铁钉,即使深到一尺,赵炳只要吹一口气,钉子就会自动弹跳出来,速度之快仿佛用连弩发箭。如果用水盆盛满水,只要他运气作法,盆中立刻会出现游龙与活鱼。

　　东汉末年,天下兵荒马乱,尸横遍野,疾疫大作。有一次,赵炳与闽地人徐登在乌伤溪水边相遇。他对徐登说:"我们都是熟悉法术的人,既然是道内同行,不妨各显所学,互相切磋一下,你看如何?"徐登同意,较量正式开始。徐登先行一法,叫做运气禁水。他们身边的那条小溪,本来流水潺潺,但是徐登施法之后,刹那间它就凝固不动了。徐登的法术可以称作化动为静,而赵炳则要让徐登看看什么叫做化死为生。只见他对着身边一棵枯死的老树默念了几句咒语,不一会儿,本无生气的枯木上面慢慢抽出了新枝。见此情形,两人对视一笑,相约施展平生所学,为生民排忧解难。他们的法术极其高明,又极其简单,不需要特制道具,也不要供奉太多牺牲。他们礼敬诸神的时候,不用甘酒,而是简单地从东流的活水中浅酌一杯。他们用来陈奠的果品,只是从桑树上削下的一块树皮。更多的情况下,他们都是默念咒语,暗施法术。但是他们的疗效却非常好,凡是经过他们治疗的病人大都康复如初。

　　后来,徐登去世,赵炳来到章安县。当地百姓不知道赵炳有何神通,于是他爬到茅草屋顶上,架起鼎来烧饭。房屋的主人吓坏了,要他赶紧灭火下来。但是赵炳笑而不答,若无其事。过了一会,饭已做好,而下面的茅草屋顶却一点事也没有。围观的人大为惊诧,知道他法术不凡。赵炳有一次出行,向摆渡的艄公借渡,但是遭到拒绝。他于是打开一个铺盖,坐在中央,长啸一声,铺盖好像顺风疾驰的快艇,破浪而前。水边等渡的人们大呼神奇。从此,章安百姓大为折服,拜赵炳为师的人络绎不绝。赵炳死后,人们在永康为他立祠纪念。令人感到神奇的是,赵炳那个祠堂连蚊子都进不去。

见于《后汉书》卷八十二下《方术列传》

严 光

严光,字子陵,余姚人。一名严遵。本来他姓庄,后来因为要避汉明帝的讳,所以改庄为严。严光年少的时候已经享有盛名,西汉末年隐居会稽的梅福把自己的女儿嫁给他。光武帝年少时,曾经与严光是同学。等到他继承大统,登上宝祚,严光就改换姓名,隐居深山,不愿意拜见他。光武帝却常常想起他的贤德,安排手下人四处寻找他的下落。后来,来自齐国的报告说:"有一个男子,披着羊裘,在水泽边独自垂钓。"听到描述,光武帝当即认定此人就是严光。于是他让手下人准备好车辆和礼品,派遣特使前往聘问。使者前后跑了三次,才把严光请到京城。

严光到京城的那天,光武帝亲自前往馆舍。严光躺在床上,不肯起来,也不行拜见天子的礼仪。光武帝并不计较这些礼节,来到严光床前,用手抚摸他的肚子说:"难道我的严同学,竟然如此执拗,不肯出来帮我平治天下吗?"严光躺在那里,久久不作回答。这样沉默了很久,他才睁大眼睛,好像并不认识光武帝。"远古时期,唐尧的德行远著四表,后人都认为那是至治时代,是政治清明的典型。但是即便在那个时代,也还是有洗耳翁存在。人各有志,为什么读书人一定要参与政治呢?"光武帝说:"子陵啊子陵,我堂堂一朝皇帝,竟然不能说服你!"于是他登上舆车,长叹了一口气,转身离去。

虽然没有任命职务,严光后来还是多次被光武帝邀请到皇宫,叙旧谈心,有时一坐就是一整天。光武帝曾经开玩笑地问严光,"我现在跟过去求学时相比,是否有所不同?"严光对他说:"好像是比过去稍微有些进步。"谈得兴起,干脆同床而眠。熟睡中,严光把脚放在光武帝肚子上。第二天,太史上朝汇报,有客星入侵皇帝所属星座,气势很急。光武帝笑着说:"那是朕与老同学同床共眠所致。"光武帝有意让严光出任谏议大夫一职,但是他到底还是不愿意出来做官。最后,严光离开京城,米到富春山脚下,躬耕田亩,自得其乐。后人把他垂钓的地方称为严陵濑。建武十七年,光武帝又一次征他入朝,但是严光没有应召。八十岁的时候,严光在家中去世。光武帝非常伤感惋惜,下诏会稽郡县赐钱百万,谷千斛。

见于《后汉书》卷八十三《逸民列传》

曹 娥

曹娥,会稽郡上虞人。曹娥的父亲曹盱,是一个巫师,多才多艺,能够抚节按歌,娱乐众神。[①] 汉顺帝汉安二年五月,曹盱参加了一个迎神仪式。正是在这个仪式中,曹娥失去了父亲。那一次,曹盱率领礼神诸人逆流而上,不料船被江水淹没。曹盱沉没江底,尸首也找不到,此时曹娥只有十四岁。噩耗传来,曹娥沿江

---

① 参看李小红《东汉孝女曹娥原为"巫女"考论》,《浙江社会科学》2009年第5期。

大哭。日日夜夜,哭不绝声,持续了十七天,可是父亲的尸首还是找不到,曹娥于是投江而死。元嘉元年,上虞县长度尚将曹娥改葬到江水以南的路边,并且立碑纪念。

见于《后汉书》卷八十四《列女传》

《三国志》

孙 坚

孙坚字文台,吴郡富春人,大概是孙武的后代。年轻时曾任县吏。十七岁那年,与父亲一同坐船前往钱塘,正好碰上海盗胡玉等人从匏里上抢劫商人的财物,就在岸上分赃,来往行人都远远停下了脚步,过往船只也不敢继续前进。孙坚对父亲说:"这些海盗可以击败,请让我去讨伐他们。"他父亲说:"此事非你所及。"孙坚不听,提刀上岸,挥手指点,做出部署人马分头包抄的样子。海盗见此情形,以为是官兵前来抓捕,连忙抛下抢来的财物,四散逃窜。孙坚追上去,斩得一个强盗的首级返回,他的父亲大为惊奇。孙坚从此名声大振,府里征召他暂任假尉。后来会稽许昌在句章起兵,自称阳明皇帝,煽动周边各县,参加者数以万计。孙坚以郡司马的身份招募了精锐勇士,共有一千余人,与州郡合兵,共同讨伐,剿灭了许昌。这一年,是汉灵帝熹平元年。① 刺史臧旻条列有功者事迹,上奏朝廷。诏书任命孙坚为盐渎丞,几年后改任盱眙县丞,转任下邳县丞。

---

① 此处孙氏诸传对吴顺东先生的《白话三国志》(岳麓书社2008年8月版)多有借鉴。

中平元年,黄巾军首领张角在魏郡起事,假托自己神灵附体,派出八路使者用所谓正道来教化天下,在暗中却相互串联,自称黄天泰平。三月初五,三十六方教徒同时起义,天下民众纷纷响应,焚烧郡县,斩杀官吏。汉灵帝派遣车骑将军皇甫嵩、中郎将朱俊领兵征讨。朱俊表请孙坚为佐军司马,那些随孙坚到下邳的乡里少年都自愿跟着孙坚去作战。孙坚又招募一些流动商人以及淮河、泗水一带的精兵,合计一千来人,与朱俊并力奋战,所向无敌。汝、颍两地的黄巾军局势窘迫,逃到宛城自保。孙坚独当一面,率先登城杀入,众兵士蜂拥而上,于是大破黄巾军。朱俊将孙坚的功劳奏明皇上,孙坚被任命为别部司马。

边章、韩遂在凉州作乱,中郎将董卓抵御讨伐不见成效。中平三年,朝廷派司空张温代理车骑将军,讨伐边章等人。张温表请孙坚参与军事,屯兵长安。张温用诏书宣召董卓,董卓过了很久才来见张温。张温责问董卓,而董卓应答很不恭顺。孙坚当时在座,上前在张温耳边说:"董卓不怕治罪反而如此嚣张,应以受召不按时前来的罪名斩了他。"张温说:"董卓在陇蜀一带素有威名,今杀了他,西行讨伐就没有依靠了。"孙坚说:"您亲率朝廷大军,威震天下,凭什么要依赖他董卓?观察董卓今日所言,他并不肯听从您的指挥,轻慢上司,不守军法,这是他的第一条罪状。边章、韩遂飞扬跋扈已经多年,本应及时进兵讨伐,然而董卓却说不可,沮败士气,这是他的第二条罪状。董卓奉命讨伐始终没有成效,诏书宣召却姗姗来迟,并且骄狂高傲不可一世,这是他的第三条罪状。自古大将统军,没有不处斩罪人树立军威的,穰苴斩庄贾,魏绛戮杨干,都是成例。现在您对董卓手下留情,不当场行诛,军法失去威严,您将难脱其责。"张温到底不忍心执行军法,于是就说:"您请先回,否则董卓将会怀疑。"孙坚因而起身离去。边章、韩遂听说朝廷大军将很快到达,底下的徒众纷纷离散,乞求投降。大军返回,议论者认为军队并没有与敌兵交战,不应论功行赏,然而当他们听说孙坚条列董卓三条罪状,力劝张温斩掉董卓的事后,无不叹息。长沙的贼寇区星自称将军,拥有徒众一万余人,攻劫城邑,于是朝廷任命孙坚为长沙太守。孙坚赶到长沙郡,亲自率领将士,施展权谋,用了不到一个月的时间,就击败了区星等人。周朝、郭石也率徒众在零陵、桂阳起事,与区星遥相呼应。孙坚于是又越境讨伐,使三郡全都安定下来。汉朝累计孙坚前后所立功绩,封他为乌程侯。

汉灵帝驾崩之后,董卓操纵朝政,横行京城。关东州郡各兴义兵,准备讨伐董卓。孙坚也举兵响应。荆州刺史王叡平时对待孙坚很无礼,孙坚经过荆州时便杀了他。等到了南阳,孙坚的部队已经发展到了几万人。南阳太守张咨第二日也回访酬答孙坚。酒到酣畅时,长沙主簿进来禀告孙坚:"先前已有文书给南阳郡,而今道路却未曾修整,军用物资也未具备,请收押南阳主簿拷问此中缘故。"张咨大为惊恐,打算离去,但因孙坚的士兵已守定四周而未能脱身。不久,长沙主簿又进来禀告说:"南阳太守拖延时间并停发义兵,使得逆贼得不到及时讨伐,请逮捕他,押出营门按军法从事。"当下便把张咨拖到军门外斩首。南阳郡中震惊万分,义兵所提要求无不给予满足。孙坚进兵到鲁阳,与袁术相见。袁术上表推荐孙坚为代理破虏将军,兼豫州刺史。于是孙坚就在鲁阳城练兵。当要进军讨伐董卓时,孙坚派长史公仇称带兵回州督办军粮。孙坚在城东门外布置帐幔,设酒宴给公仇称钱行,官员属吏,无不到会。董卓派步兵、骑兵数万人来迎击孙坚,其中几十个轻骑兵先到,孙坚此时正依次斟酒,谈笑风生。得到消息,他当即命令各部整顿军阵,不得擅自行动。后来敌方骑兵数量越来越多,孙坚这才从容离席,带领官员属吏入城。之后他对左右说:"刚才我所以不立即起身离席,是怕士兵拥挤践踏，诸位不能进城罢了。"董卓的骑兵见孙坚的兵阵严整，不敢攻城，自行退去。孙坚移兵驻扎在梁郡东面，遭到董卓军队的大举猛攻，孙坚与几十个骑兵突围而去。孙坚常戴红色的包头巾，生死存亡之际，便脱下头巾，让亲近的将领祖茂戴上。董卓的骑兵争着追逐祖茂，所以孙坚得以从小道逃脱。祖茂被追得走投无路，滚鞍下马，将头巾放在坟墓间的烧柱上，自己隐伏在草丛中。董卓的骑兵看到头巾，内外包围了好几层，等到走近细看才知道是根柱子，于是离去。孙坚再次收聚士兵，在阳人这个地方与董卓的军队会战，大破董卓的军队，击杀都督华雄等人。

这时，有人在袁术面前离间孙坚，袁术对孙坚起了疑心，便不给他运送军粮。阳人离鲁阳有一百余里，孙坚连夜骑马去见袁术，画地与袁术说理。他说："我之所以不顾身家性命，出生入死，上为国家讨伐逆贼，下为您跟董卓之间的家门私仇，我跟董卓并没有刻骨仇恨。而将军现在听信小人挑拨，居然怀疑我！"一席话说得袁术坐立不安，于是立即调发军粮。孙坚也返回驻地。董卓畏惧孙坚的勇猛雄壮，就派将军李傕等人向孙坚请求结盟，让他列出子弟名单，答应起用他们出任刺史和郡守。孙坚说："董卓颠覆王室，违背天意，不行正道，如今若不灭他三族，悬首示众，我死且不瞑目，难道还能跟他和亲吗？"再次进军大谷关，距离洛邑仅九十里。董卓迅速迁都西入函谷关，纵火焚烧洛邑。孙坚于是进兵来到洛邑，修缮、填塞那些被董卓发掘的陵墓。事毕，率军返回，仍然驻军鲁阳。

初平三年，袁术派孙坚出征荆州，攻打刘表。刘表派黄祖在樊、邓两地之间阻击孙坚。孙坚击败黄祖，一直追过汉水，进而围困襄阳。孙坚单人一骑上岘山，被黄祖的军士发箭射死。孙坚哥哥的儿子孙贲，率领将士投奔袁术，袁术又上表任命孙贲为豫州刺史。孙坚有四个儿子：孙策、孙权、孙翊、孙匡。孙权称帝后，追谥孙坚为武烈皇帝。

见于《三国志》卷四十六《孙坚传》

孙 策

孙策，字伯符。孙坚刚兴义兵之时，孙策侍奉母亲迁到舒县，与周瑜结为好友，招纳会聚士大夫，江、淮之间的人都归心于他。孙坚中箭身亡之后，孙策将他运回曲阿安葬。事了，孙策渡过长江，移居江都。

徐州牧陶谦非常忌惮孙策。孙策的舅舅吴景，当时任丹杨太守，于是孙策带着母亲迁居曲阿，与吕范、孙河一起依靠吴景，凭借着吴景的关系招募了几百人。汉献帝兴平元年，孙策追随袁术。袁术认为孙策非同凡响，便将孙坚原有部属还给了孙策。太傅马日磾执皇帝符节安抚关东，在寿春以礼征召孙策，上表任命为怀义校尉，袁术的大将乔蕤、张勋都倾心敬重他。袁术时常叹息说："如果我袁术有像孙策这样的儿子，我死后又有什么遗憾的！"孙策手下有个骑兵犯了罪，逃进了袁术的军营，隐藏在马厩中，孙策指派手下就地斩首，事后，又亲自去见袁术请罪。袁术说："兵士喜欢叛变，应当共同痛恨，又有什么可请罪的呢？"从此军中更加敬畏孙策。

袁术当初答应让孙策担任九江太守，不久却改用丹杨人陈纪。后来袁术准备攻打徐州，向庐江太守陆康求援三万斛米，陆康不给，袁术大怒。孙策也曾拜见陆康，陆康不见他，只让自己的主簿接待了事，孙策为此耿耿于怀。袁术派孙策攻打陆康，对他说："先前我错用了陈纪，常常悔恨自己的本意没有实现。如今你如果能抓获陆康，庐江郡非你莫属。"孙策攻败陆康，打下了庐江郡,袁术却再次任用他以前的下属刘勋为太守,使孙策更加失望。在此之前,刘繇为扬州刺史,州治原设寿春。而袁术已经占领了寿春,刘繇只得过江以曲阿为治所。此时吴景还在丹杨,孙策的堂兄孙贲任丹杨都尉,刘繇到来之后,将他们全都驱逐出境。吴景、孙贲退居历阳。刘繇派樊能、于麋往东驻扎在横江津,张英屯兵当利口,以便抵御袁术。袁术任用自己以前的下属琅琊人惠衢为扬州刺史,又任用吴景为督军中郎将,与孙贲共同率兵攻打张英等人,连打了几年都未能取胜。孙策于是游说袁术,请让他去帮助吴景等人平定江东。袁术上表任命孙策为折冲校尉,代理殄寇将军。孙策只有兵士一千多人,战马几十匹,宾客中愿意跟随的有几百人。等到了历阳,兵士已经发展到了五六千人。孙策的母亲已先从曲阿迁居到历阳,孙策又将母亲迁到阜陵,然后渡江转战,所向披靡,没有人敢与他交锋,而且军令严肃,百姓们都心怀依附。

孙策为人,容颜英俊出众,喜欢谈笑,性格豁达虚心,乐于接受意见,善于用人。因此凡是见过他的,无论士庶,没有不乐意为他拼命效力的。刘繇弃军逃走,各郡太守也都放弃城池自顾逃命。吴郡人严白虎等各率一万多人,分开各处屯聚。吴景等人想先击破严白虎,于是来到会稽。孙策说:“严白虎这些盗贼,没有什么远大志向,这次一定能擒获他们。”于是领兵渡过浙江,攻占会稽,血洗东冶,打败了严白虎等人。全都重新安置长官佐吏,孙策自己兼任会稽太守,而以吴景为丹杨太守,孙贲为豫章太守,又从豫章分出庐陵郡,以孙贲的弟弟孙辅为庐陵太守,丹杨人朱治为吴郡太守。任用彭城人张昭、广陵人张纮、秦松、陈端等为主要谋士。此时袁术自称帝号,孙策写信谴责并与之绝交。曹操上表荐举孙策为讨逆将军,封为吴侯。后来袁术病死,其长史杨弘、大将张勋等人率领袁术的部众想投靠孙策,庐江太守刘勋半路邀击,将这些人悉数俘虏,并收缴了他们的珍宝而归。孙策听说后,假意跟刘勋结为盟友。刘勋刚刚得到了袁术的军队,此时豫章上缭宗民有一万余家在江东,孙策劝刘勋前去攻取。刘勋出兵后,孙策率军轻装疾行,一夜间偷袭攻占了庐江,刘勋的人马全部投降,刘勋只带着几百个部下自行投奔曹操。此时袁绍的势力正当强盛之际,而孙策又吞并了江东,曹操无力两面兼顾,就想安抚孙策。于是以弟弟的女儿许配给孙策的小弟孙匡,又替儿子曹彰娶了孙贲的女儿,同时用礼节征召孙策的弟弟孙权、孙翊,又命扬州刺史严象举荐孙权为茂才。

建安五年,曹操与袁绍在官渡相持不下,孙策暗地里准备袭击许昌,迎接汉献帝,便秘密训练军队,部署诸将。孙策还没有发动,却被原吴郡太守许贡的门客刺杀。此前,孙策杀了许贡,许贡的小儿子与门客隐匿在长江边。孙策单人匹马外出,仓促之间与许贡的门客相遇,门客击伤了他。孙策伤势沉重,就请来张昭等人,对他们说道:"中原正在大乱,以我们吴、越之兵众,以三江为坚固屏障,足以静观成败,伺机而动。诸公要好好辅佐我的弟弟!"又叫来孙权佩带自己的印绶,对他说:"率领江东人众,伺机决胜于敌我两大战阵之间,与天下争衡,你不如我。举贤任能,让他们各尽其心,用以保卫江东,我不如你。"当夜孙策去世,时年二十六岁。孙权称帝之后,追谥孙策为长沙桓王。

见于《三国志》卷四十六《孙策传》

孙破虏吴夫人

孙破虏吴夫人,是孙吴大帝孙权的母亲。本是吴郡人,迁居到钱塘,早年失去父母,与弟弟吴景住在一起。孙坚听说她才貌双全,就想娶她为妻。吴氏亲戚都嫌孙坚轻佻狡诈,打算拒绝他的求亲,孙坚对此非常惭愧和气愤。吴夫人对亲戚说:"为何要为怜惜一个女子而招致灾祸呢?如果我找不到好丈夫,那是命中注定。"于是吴家便同意了这门婚事。吴夫人生有四个儿子、一个女儿。

吴景常随孙坚征伐有功,被任命为骑都尉。袁术上表荐举吴景兼任丹杨太守,讨伐原太守周昕,于是占据了丹杨郡。孙策与孙河、吕范依靠吴景,集合人马共同讨伐泾县山贼祖郎,祖郎兵败逃走。适逢吴景受到刘繇逼迫,又回到江北依附袁术,袁术任命他为督军中郎将,与孙贲一起进军横江讨伐。

等到孙权年少继承大业,吴夫人帮助他治理军务和政务,甚有补益。建安七年,曹操给东吴下表,要求孙权把自己的太子送到许昌作为质子。孙权甚是犹豫,他派周瑜到吴夫人那里去商量一下。周瑜说:"今天孙大将军继承父亲、兄长的基业,以江东六郡为根据地,兵多将广,粮食储备充足,将士忠诚,服从调令。物产丰饶,依山铸铜,靠海产盐。人心安乐,不思反覆,民风彪悍,不愿臣服,所向无敌。凭这些有利条件,进可以攻击,退可以保全,并不存在生死存亡的危急情况,为什么要向曹操效忠,而把自己的儿子送入虎口呢?"吴夫人对孙权说:"周公瑾所言极是。他跟你兄长孙策是同年,只是他小伯符一个月。我一直把他视为亲生儿子,你应该把他当做兄弟来侍奉,共创大业。"因此决定不向曹操送质子。吴夫人临死的时候,召见张昭等大臣,嘱咐他们同心同德,帮助孙权守住基业。死后,合葬高陵。

见于《三国志》卷五十《孙破虏吴夫人传》

吴 景

吴景,是吴郡钱塘人,父母死得都很早,他的姐姐是孙坚的夫人,所以他跟随孙坚四处征伐,被任命为骑都尉,代理丹阳太守。
与孙贲合兵,共同讨伐泾县的山贼祖郎,他们的联军被刘繇打败,
遭到驱逐。吴景向北转移投靠袁术,袁术任命他为督军中郎将,
让他跟孙贲一道进到横江讨伐樊能、于麋,又赶赴秣陵攻打笮融
和薛礼。当孙策在牛渚遭到挫折时,那些原本投靠孙策的盗贼又
起来造反,吴景四处征讨,全部擒服。孙策派遣吴景到寿春向袁
术报告战况,袁术任命吴景为广陵太守。袁术后来僭帝号,自立
为天子,没有采纳孙策的劝告。吴景不愿意跟袁术同流合污,于
是放弃广陵太守的职位,向东归依孙策。孙策让吴景重新担任丹
杨太守,封扬武将军并统领郡府政务。建安八年,吴景死于任上。

见于《三国志》卷五十《孙破虏吴夫人传》

徐 琨

徐琨,会稽郡富春县人,孙坚的外甥。徐琨年少时曾经在州
郡一级的官府中做过小官,孙坚起事之后,弃官不做,跟随孙坚四
处征战,被任命为偏将军。后来又随从孙策在横江讨伐樊能、于
麋等,在当利口攻打张英,击败笮融、刘繇,立下的功劳多于诸位
大将。孙策上表荐举徐琨为丹阳太守,以督军中郎将的身份跟随
孙策击破庐江太守李术,封广德侯,升迁为平虏将军。在攻打黄
祖的战争中,徐琨被乱箭射中,不幸去世。

见于《三国志》卷五十《吴主权徐夫人传》

徐琨母孙氏

徐琨的母亲孙氏,会稽富春人,孙坚的妹妹。孙坚跟徐琨的
父亲徐真关系亲密,所以把自己的妹妹许配给徐真。徐琨追随孙

坚、孙策四处征讨已见上述。当利口攻打张英一役,徐琨这边的船只不够多,他打算安下营来搜求船只。徐母孙氏当时正在军中,她对自己的儿子说:"恐怕州里会派水军前来迎击,那样形势就不利了,怎么可以让军队停止前进呢?应该砍伐芦苇做成排筏,辅助船只渡运军士。"徐琨把母亲的意见禀报孙策,孙策当即照办,军队全部顺利过江,打垮了张英。徐琨的女儿就是孙权的徐夫人。

见于《三国志》卷五十《吴主权徐夫人传》

孙 静

孙静,字幼台,是孙坚最小的弟弟。孙坚开始举事时,孙静纠合乡里以及宗族子弟五六百人作为后盾,大家全都归附他。孙策击垮刘繇,安定各县,将要进攻会稽,派人迎请孙静,孙静带着家属与孙策在钱塘会合。此时会稽太守王朗在固陵抵御孙策,孙策几次渡水作战,都没能取胜。孙静劝孙策说:"王朗凭借险要地形和城池的守备,很难马上攻陷。往南距此数十里有查渎,是通往会稽的交通要道,应该从那里攻取其后方重地,这叫做攻其不备,出其不意。我可以率领士兵作为大军的先锋,必将击败敌军。"孙策说:"好。"于是在军中发布旨在迷惑敌军的假命令说:"近来连日下雨导致饮水浑浊,士兵饮用后多有腹痛,命令立刻备办瓦缸几百口,以便澄清浑水。"到了黄昏,在四周燃起连绵火堆迷惑住王朗,当下分兵连夜奔往查渎道,袭击高迁屯。王朗大惊,派遣原丹杨太守周昕等人领兵前往交战。孙策击垮了周昕等人,并且斩了他们,于是平定了会稽。孙策上表任命孙静为奋武校尉,准备授予他重要的职务,孙静眷恋家乡宗族,不乐意出外做官,因此请求留在家乡镇守。孙策答应了。孙权统领大事后,就地升迁孙静为昭义中郎将。孙静最终在家乡去世。他有五个儿子,即孙暠、孙瑜、孙皎、孙奂和孙谦。

见于《三国志》卷五十一《宗室传》

孙 瑜

孙瑜,字仲异,孙坚小弟孙静之子。以恭义校尉的身份开始领兵。当时门客、大将多是江淮人士,孙瑜诚心安抚,得到众人信任。建安九年,孙瑜兼任丹杨太守,兵力达到一万多人,加官绥远将军。建安十一年,与周瑜一起讨伐麻屯和保屯,取得大胜。后来跟从孙权在濡须抵御曹操,孙权意欲出战,孙瑜劝孙权谨慎从事,孙权不听,果然没有成功。后来升为奋威将军,依旧兼任丹杨太守。孙瑜任用永安人饶助为襄安县长,无锡人颜连为居巢县长,二人颇有建树。济阴人马普专心好学,喜爱古代事物,孙瑜对马普厚礼相待,让将士、官吏子弟几百人跟他学习。孙瑜还设立学官,亲临祭典。当时诸将专心军事,而孙瑜却嗜好古人典籍,虽然身处军旅,却从不中断读书。孙瑜仅活到三十九岁,建安二十年就去世了。

见于《三国志》卷五十一《宗室传》

孙 皎

孙皎,字叔朗,最初担任护军校尉,领兵两千多人。当时曹操多次出兵濡须,孙皎常常赶赴迎击,号称精锐。后来升为都护、征虏将军,代替程普都督夏口。黄盖和哥哥孙瑜去世后,孙皎又并统他们二人的军队。受赐沙羡、云杜、南新市、竟陵作为封地,自行安置官吏。孙皎轻财好施,善于交结朋友,与诸葛瑾交情最深。

43

他又委任庐江人刘靖关注政事得失，江夏人李允协理日常事务，广陵人吴硕、河南人张梁筹划军事。孙皎对这些人无不倾心相待，大家也尽力效劳。孙皎曾经派遣士兵侦察魏国军情，他们回来时将抓获的漂亮女子送给孙皎。孙皎让这些美女换了衣服，回到原处。他下令说："现在要讨伐的是曹氏，他的百姓有什么罪？从今以后，不许攻击魏国的老弱百姓。"因此江淮一带归附他的人很多。

孙皎曾经因为小事与甘宁忿争，有人劝甘宁让步，甘宁说："人臣与皇子同等，征虏将军虽属王族，但是怎么可以侮辱别人呢！我遇到的是贤明的君主，只应尽心效力，不计生死，报答知遇之恩，怎么可以屈从邪枉呢？"孙权听说后，写信责备孙皎说："自从我跟北方为敌，已经过去了十年，相持之初你年龄还小，现在已经将近三十岁了。孔子说'三十而立'，不只是说学习五经的事。授以精兵，委以重任，让你在千里之外统帅诸将，是让你跟从前楚国任用昭奚恤那样，扬威于北方边疆，不是让你快意于私情。近来听说你与甘宁饮酒，醉后发生冲突，冒犯欺侮了他。现在，他请求归属吕蒙管辖。甘宁这个人虽然粗疏豪放，有不尽如人意之处，然而他总体上是一位大丈夫。我亲近他的原因，不是偏爱他。我亲近他，而你却疏远他，与他交恶。你所做的事情与我背道而驰，难道可以长久吗？持身恭敬而行事简易，才可以治理民众；爱护他人并且大度包容，才能赢得众人爱戴。这两个方面的道理尚且弄不明白，又怎么能够统帅诸军远离国都，抵御敌人，解救危难呢？你渐次成熟，故而让你担当重任，上有远方仰望期待，下有亲兵朝夕相随，怎么可以任意大发脾气呢？人谁无过，贵在知错能改，你应该谨记教训，痛自针砭，深刻反省。现在特意劳烦诸葛子瑜向你表露我的心意。临笔伤怀，悲从中来，泪不能止。"孙皎得到书信后，上疏请罪，与甘宁修好如初，结下深厚的友谊。

　　吕蒙准备袭击南郡,孙权想让孙皎和吕蒙分别担任左右部大都督,吕蒙不同意。"如果至尊认为征虏将军合适,就应该任用他,认为吕蒙合适,就应该用我。过去周瑜、程普分别担任左、右部大都督,一起进攻江陵。虽然大事都由周瑜决定,但程普仗着自己久经沙场,并且同为都督,故而两人不能和谐共事,几乎坏了国家的大事,这可以作为当前的鉴戒啊!"孙权醒悟:"由你担任大都督,孙皎作为后续。"擒获关羽,平定荆州,孙皎立有大功。建安二十四年,孙皎去世。孙权追录孙皎功劳,封他的儿子孙胤为丹杨侯。

见于《三国志》卷五十一《宗室传》

孙 贲

　　孙贲,字伯阳。孙贲的父亲孙羌,字圣台,是孙坚的孪生哥哥。孙贲很早就失去了双亲,弟弟孙辅那时还是个婴儿。孙贲自己养育弟弟,兄弟情谊十分深厚。孙贲做过督邮一类地方长官。孙坚在长沙兴义兵,孙贲抛弃官职,跟随征战。孙坚去世后,孙贲代领余部,扶送孙坚的灵柩。后来袁术迁徙寿春,孙贲又去依附他。袁术的堂兄袁绍任用会稽人周昂为九江太守,而袁术派孙贲在阴陵打败了周昂。袁术上表,荐举孙贲兼任豫州刺史,转任丹杨都尉,代理征虏将军,讨伐平定山越。后来孙贲遭扬州刺史刘繇驱逐,带领人马回到历阳驻扎。不久袁术又派孙贲和吴景一起攻打樊能、张英等人,未能攻克。孙策东渡长江,帮助孙贲、吴景打败了樊能、张英等人,于是并力攻打刘繇。刘繇逃往豫章。孙策派孙贲、吴景返回寿春,向袁术复命。正赶上袁术自称帝号,任命文武百官,让孙贲担任九江太守。孙贲没有就任,抛下妻儿返回长江以南。此时孙策已经平定吴郡和会稽郡,孙贲遂与孙策一起征讨庐江太守刘勋、江夏太守黄祖。军队返回时,听说刘繇已经病死,便顺手平定了豫章。孙策上表让孙贲兼任豫章太守,封都亭侯。建安十三年,汉廷使者刘隐奉诏任命孙贲为征虏将军,仍旧兼任豫章太守。在任十一年去世。

见于《三国志》卷五十一《宗室传》

孙 辅

孙辅,字国仪,是孙贲的弟弟,以扬武校尉的身份辅佐孙策平定三郡。孙策讨伐丹杨七县时,派孙辅西行驻守历阳,阻击袁术,并让他劝诱招集余下的百姓,聚合失散的士卒。孙辅后又跟随孙策讨伐陵阳,活捉祖郎等人。孙策西进袭击庐江太守刘勋,孙辅跟随作战,身先士卒,立下战功。孙策表荐孙辅为庐陵太守,安抚平定所属城镇,分别设置官员长吏。后来,孙辅加官平南将军,持节,兼任交州刺史。因为孙辅派使者与曹操私下交往,事情被察觉,孙权幽禁了他。数年后去世。

见于《三国志》卷五十一《宗室传》

孙 翊

孙翊字叔弼,孙权的弟弟。孙翊骁勇强悍,果敢刚烈,有哥哥孙策的风范。太守朱治推举他为孝廉,被司空征召。建安八年,孙翊以偏将军的身份兼任丹杨太守,当时年仅二十岁。第二年孙翊被边鸿杀害,边鸿随即也被处死。

见于《三国志》卷五十一《宗室传》

孙　河

　　孙河，字伯海，本姓俞，吴郡人。孙策喜爱他，赐姓孙，列于孙氏宗族。孙河后来做了将军，驻扎在京城县。当初，孙权杀了吴郡太守盛宪，盛宪的故友孝廉妫览、戴员逃入山中隐藏起来。孙翊任丹杨太守，对妫览、戴员以礼相待，于是他们都来归附。妫览为大都督领兵，戴员为郡丞。到孙翊遇害时，孙河飞马奔赴宛陵，怒责妫览和戴员，认为他们没能尽到职责，致使奸人逆谋得逞。妫览、戴员两人商议说："孙河和孙翊关系疏远，尚且如此严厉谴责我们。若是讨逆将军孙权亲自到来，我们将没有一个人可以活命了。"于是杀掉孙河，派人往北迎接扬州刺史刘馥，让他出兵历阳，从丹杨赶来接应。适逢此时孙翊的部下徐元、孙高、傅婴等人将妫览、戴员杀掉。

见于《三国志》卷五十一《宗室传》

越地人物见于方志

《剡录》

刘晨、阮肇

刘晨和阮肇是剡县人。东汉永平十五年,刘晨与阮肇一起进入天台山采药。在回家的时候,两人迷了路。他们在崇山峻岭中来回寻索,饥渴难耐,只得以树上的桃子充饥,以山涧的清泉止渴。山涧里,溪流淙淙。突然从上游漂来一个水杯,里面盛有胡麻饭。见此情形,刘晨和阮肇非常高兴,"看来不远处有人家了。"于是他们翻过高山,趟过涧水。又过了一座山,他们在溪边碰见两个女子,美艳异常。那两女子看见他们手中拿着水杯,相对莞尔一笑,"刘、阮二郎,你们为什么这么晚才过来呢?"刘晨和阮肇感到非常奇怪,她们怎么知道自己的姓名呢?两位女子的表情非常自然,好像他们相识已经很久了,当即就请他们回家。来到家中,装饰华丽,十分温馨。两位女子吩咐侍女准备饭菜,不一会,端上味美可口的胡麻饭和山羊干肉。酒醉饭饱之后,歌舞作乐。夜色深沉,刘晨与阮肇就地留宿,美女作陪。

这个地方长年都是桃红李白,草长莺飞,空气温润,气候宜人。然而,刘、阮二人在逍遥了半年之后,竟然心生归意。两位美人苦苦挽留,诸多不舍,但是刘晨和阮肇去意已决。美人安排了许多仙女踏歌送行,依依惜别,并且为他们一一指示归路。等到两人回到故里,家乡早已败落,断壁残垣,满目萧然。经过多方打听,才知道就在他们逍遥度日的时候,人间已经过去了好几个世代。刘、阮二位的家世已经传到第七代,曾孙们听说远祖进入深山采药,以后再没有回来。真是沧海桑田!西晋太康八年,世人已经不知道刘晨、阮肇二人的行踪所在。后来林概的《越中诗》，提到这个故事："绣被歌残人竟远，桃花源静客忘归。"

见于《剡录》卷三《仙道》

《四明志》

夏黄公

夏黄公，会稽郡鄞县人。[①] 秦朝末年，天下大乱，黄公为了躲避战乱，与绮里季、东园公、甪里一齐隐匿山中，并称为"商山四皓"。汉高祖刘邦久闻四皓大名，屡次请他们出山为官，都被拒绝。

刘邦晚年宠幸戚夫人，有意废掉太子刘盈，改立戚夫人之子赵王如意。改立太子，关系甚大，当朝大臣纷纷谏阻，甚至有人以死抗旨。但是刘邦心意坚决，很难更改。这个时候吕后和太子听从张良的计策，以重礼延请夏黄公。太子的诚意起了作用，夏黄公与绮里季、东园公、甪里三人走出大山，来到京城。

有一次，高祖父子一起饮宴，有四位老人服侍太子，周旋左右。只见他们年过八十，须眉皓白，衣冠伟丽，神采照人。高祖感到奇怪，忙问是谁，得知他们就是"商山四皓"，高祖大惊。"朕曾诚心相邀，历时数载，而你们逃避不从，今天为什么不请自至呢？"四人回答说："陛下轻视士人，动辄辱骂，我等岂是贪图富贵之人？

---

① 钱大昕《三国志考异》云："《陈留志》：夏黄公姓崔名广字少通，齐人，隐居夏里修道，故号曰夏黄公。仲翔（虞翻）以为会稽鄞人，仲翔去西京未远，当得其实。"

故而守义不屈。我们听说太子是仁爱之人,忠孝纯谨,礼贤下士。志节之士,多愿拥戴,所以我们一起来做太子的宾客。"刘邦知道朝臣大多拥护太子,今又有四位大贤辅佐,就放弃了废黜太子的念头。"那么就拜望诸公用心调教太子,千万不要生有二心!"四皓为高祖祝寿之后,起身离去。高祖望着他们的背影,对戚夫人说:"我本欲改立太子,但是你看,连这样深隐不出的贤人都拥护太子,可见他是如何的深得人心。太子羽翼已成,难以改动。吕氏到底还是要成为皇太后,主宰你的命运啊!"戚夫人大失所望,愁容凄惨。高祖说:"你为我伴舞,我欲楚歌一曲。"歌词曰:"鸿鹄高飞,一举千里。羽翼已就,横绝四海。横绝四海,又可奈何?虽有矰缴,尚安所施?"戚夫人此时早已泣不成声,悲痛欲绝,高祖亦觉兴味索然,懊恼不止,只得离席而去。刘盈的太子之位,最终没有变动,多赖"商山四皓"之力。高祖崩后,刘盈继位,是为汉惠帝。

见于《四明志》卷八《叙人上》

张齐芳

张齐芳,是东汉光武帝时骠骑将军张意的儿子。[1] 张齐芳曾经官至中书郎,但是他无意于仕宦,辞官退隐,来到句章境内的灵山,享受采药深山、独钓溪水的生活。张齐芳这种不乐功名、恬淡寡营的品格,深得时人敬重,于是他们用张意将军的称号为灵山命名,叫做骠骑山,并为张齐芳建立祠庙,祭祀不断。

见于《四明志》卷八《叙人上》

---

① 乾隆《宁波府志》曰:"张齐芳,慈溪人,骠骑将军意之子。"但是延祐《四明志》、天启《慈溪县志》皆不言籍贯,张意父子是否出于慈溪,尚无更多证据,故阙而不论。

董黯

董黯，字叔达，西汉武帝时期江都国丞相董仲舒的六世孙。[①]
董黯对母亲非常孝顺，母亲有病，胃口不好，唯独喜欢句章的溪
水。溪流离家较远，往返不便，汲引困难。为了方便母亲喝溪水，
董黯就在溪边上盖了一间房子，用板车运送。在这样悉心的照料
下，董母的病最后得到痊愈。

董黯有个邻居叫王寄，王寄的母亲听到董黯尽心奉养的事，
非常羡慕。有一次，她用董黯的事迹激励王寄，希望他能见贤思
齐。王寄看到母亲对自己不满，而董母总是称扬自己的儿子，心
里非常恼怒。于是他趁董黯出门，把董母给羞辱了一顿。董黯得
知以后，恨之入骨。母亲去世，董黯极度悲伤，守孝过毁，形容憔
悴。虽然不作声扬，但是董黯暗下决心，枕戈以待。后来他终于
抓住机会，果断出击，把王寄的头颅砍下来放到母亲坟前，用以祭
奠。完事之后，董黯将自己绑缚起来，向当地官府自首。案件逐
级上报，一直送到皇帝那里。汉和帝念其孝心，法外特赦，非但不
计罪责，反而对其孝行予以表彰。后来，朝廷又征召他为郎中，但
是他没有应征。

董黯的事迹广为流传，所以后人把那条溪水叫做慈溪，以董孝
作为乡的名称。虞翻对董黯非常赞许，认为董黯对于母亲，生时尽
心养护，符合孝子的准则；母亲死后，守丧尽哀，悲悼过毁，超逾时
人；母亲冤死，不计安危，为母报仇，光明磊落，天下钦敬，海内闻名。

见于《四明志》卷八《叙人上》

---

① 宝庆《四明志》对董黯籍贯有考辨，可供参证：“今子城东南有庙，旧志谓
即其故居，则黯本鄞人也。虞翻谓为句章人，据其徙居慈溪言之。”

王　修

王修，句章人。汉顺帝时，王修为扬州从事。军人哗变，攻杀历阳太守伊曜。[①] 王修奋不顾身，带领众人冲入敌营，夺出伊曜尸首，以礼安葬。当时的人都钦佩他，视为义士。《会稽典录》说他"委身受命，垂声来世"。

见于《四明志》卷八《叙人上》

阚　泽

阚泽，字德润，会稽郡山阴县人。[②] 家里世代务农，而阚泽喜爱学习。但是家中贫穷，没有学资，阚泽便常常受雇替人抄书，以此换来纸笔费用。抄书一遍，他也将所抄之书诵读完毕。后来，阚泽被推举为孝廉，授官钱塘县长，升为郴县县令。孙权任骠骑将军，征他补西曹掾。[③]

见于《四明志》卷八《叙人上》

---

① 《后汉书·冲帝纪》记载："建康元年，扬州刺史尹耀、九江太守邓显，讨贼范容等于历阳。军败，耀、显为贼所殁。"周树人辑《会稽典录》亦列建康元年军人哗变于"王修"条下。然范晔记载系于冲帝，名为尹耀，而《四明志》系于顺帝，名为伊曜，尚有歧异。

② 宝庆《四明志》对阚泽籍贯有考辨："《三国志》本传指为会稽山阴人，按今慈溪县之普济寺乃泽旧居，峰曰阚峰，湖曰德润湖，山水犹识其姓字，则泽为句章人可知。"后代遗迹，可供考证，但删改正史，尚需谨慎，故不予采择。

③ 阚泽此后的行迹，《四明志》尚有记载，因其时孙权已称尊号，不便编入汉代，故不载入正文。

《咸淳临安志》

诸葛琮

诸葛琮，会稽郡余杭人，为人品德高尚，颇有才能。东汉时期，曾经担任河间太守，生时住在断山，①死后安葬山旁。万历《杭州府志》称其"以贤德称"。

见于《咸淳临安志》卷六十二《人物三》

孙　钟

孙钟，富春人，为人非常孝顺。孙钟以种瓜为业，阳平山上那个叫做瓜田的地方，就是他当年劳动的场所。有一天，三个容貌俊美的青年男子忽然来到瓜地，给孙钟送瓜。孙钟纳闷，不知何事，那三个人说："我们是上天专管世人寿命的司命郎，你的孝道感动了天帝，所以我们特来此地。"司命郎用手指了指眼前的山地，对孙钟说："这个地方作为墓地非常好。"司命郎的话被孙钟记在心里，后来他果真就葬在那个地方。坟墓之上，常有紫色云气萦绕，周围数里的人们都能看见。人们常说这紫色的云气是吉祥之气，孙氏的后代看来要发达了。孙钟就是破虏将军孙坚的

---

① "断山"，《余杭县志》作"禅山"。

祖先。①

见于《咸淳临安志》卷六十二《人物三》

张　俨

张俨，东汉时会稽余杭人。好学深思，德行出众，不贪慕荣利富贵。张俨自己开垦菜园种葫芦，把卖葫芦所得的钱，用来建桥，方便乡亲。② 后人把他建造的桥叫做葫芦桥。

见于《咸淳临安志》卷六十二《人物三》

《延祐四明志》

任　光

任光，字景升，会稽郡鄮县人。任光曾任县主簿，当时海盗猖獗，危害百姓。鄮县县令朱嘉率领人马迎战海贼，不幸被乱箭射伤。盗贼冲到朱嘉身前，举刀要砍。这个时候，任光挺身而出，用自己的血肉之躯，捍卫县令。朱嘉最终幸免于难，任光却英勇战死。朱嘉厚葬任光，并且为他守丧尽礼。《会稽典录》说任光"身当白刃，济君于难"。

见于《延祐四明志》卷四《先贤》

---

① 其后，光绪《富阳县志》承旧志以孙钟为孙坚父，《咸淳临安志》对此已有考辨："旧志谓钟卒子坚葬钟于穴，按《三国志》孙坚传不称父名，《寰宇记》谓坚所居其祖种瓜，《郡县志》谓坚其元孙，则旧志称钟子者非。"

② 嘉靖《浙江通志》交代了张俨生活的时代背景："张俨，余杭人，好学有贤德。遭汉末之乱，开圃种瓠。"

万历《金华府志》

颜 乌

颜乌，乌伤人，对待父母非常孝敬。父亲去世，颜乌负土成坟。① 天上的乌鸦，纷纷飞来，用嘴衔泥，帮着筑坟。鸟喙在啄泥时磨破，流出殷红的鲜血，所以用乌伤来为县命名。②

见于万历《金华府志》卷十五《人物》

杨 乔

杨乔，本来是河东郡人。他的高祖父杨茂跟从光武帝南征北战，加官威寇将军，封乌伤新阳乡侯。杨茂一直留在京城，至建武中，才前往封地。杨氏在乌伤封地传承三代，后来因为有罪，封地被朝廷征回，杨氏后代则继续在这片土地上生活下去。杨乔的父亲杨扶，字圣仪，做过武源县令，升迁为交趾刺史，颇有政绩。杨乔在朝廷任尚书，外表俊美，经常对政事发表直言不讳的意见。杨乔曾经推荐孟尝忠于职守，政绩卓异。窦武向皇帝推荐张稜和

---

① 据嘉庆《义乌县志》，颜父名曰颜凤。

② 颜乌事迹见于刘向《说苑》，"颜乌，乌伤人。亲亡，负土为大冢，群鸦数千，衔土相助焉。乌既死，群鸦又衔土葬之"。颜氏坟茔，后世尚经历风波，徐象梅《两浙名贤录》卷五有记载："乾道中，邑令林元仲尽还民侵地，而修其茔域。邑人何恪为撰碑记，且系之词曰：'由汉迄今余千春，铜铜斸漆知几坟。陵谷变迁不可寻，颜氏有阡巍然存。孝肉顺骨世所尊，马鬣蓬颗几何分。乌兮无知犹能驯，肯有襟裾忘其亲。因以名县淑其民，为之长者宜益敦。一本抔土或见侵，曾禽不如何足人？'淳祐元年，魏学士了翁为篆题表之曰'秦颜氏乌伤墓'。"

杨乔等人文质彬彬,明是非,识大体。汉桓帝非常喜欢杨乔的气度与才学,下诏将公主许配给他。杨乔坚决拒绝,但是皇帝心意已定,他只好绝食。持续了七天,杨乔去世。[①]

见于万历《金华府志》卷十五《人物》

张　敦

张敦,字伯仁,浦江人。汉朝的时候,张敦曾经担任过诸暨县令。当时,海盗两百多人上岸抢夺掳掠,极大地扰乱了百姓的正常生活。张敦率领官吏和民众,戮力抗击,终于平定了海盗之祸。后来,张敦转任重泉县令,政教出众,百姓从化。张敦最后官至车骑大将军。[②]

见于万历《金华府志》卷十五《人物》

---

① 嘉庆《义乌县志》摘引方孝孺《逊志斋集》卷十九《杨乔赞》,评定杨乔品节:"人之器量,有小有大,或盗一钱,或让天下。天下虽大,一钱之积,观其用心,大者可识。吾谓杨乔,可为三公,屈以非义,万钟不从,曷由知之? 有大人节。帝女不娶,利岂能夺! 其中所重,在义与道,视卓操辈,穿窬之盗。伊谁可方? 孺子之伦。永言尚友,卓哉二人。"

② 隆庆《诸暨县志》不载张敦,骆问礼于志末《质实篇》有一疑辨:"朱志(明知县通山朱廷立所纂修《诸暨县志》,刊于嘉靖三年)令载汉张敦黄武元年壬寅任;徐志(明知县长洲徐履祥所修《诸暨县志》,修于嘉靖二十四年)又云:'县令筑自东汉,有张敦者浦江人。'今按汉张敦未有考,吴张敦吴郡人,曾补海昏令。黄武,吴年号也,陆凯于是时为诸暨长,岂缘是而误与? 且汉时未有浦江县,此系撰出无疑。"乾隆《诸暨县志》既载张敦事略,且不同意骆氏所疑:"考《浦阳人物记》载有张敦,为诸暨令,其书为宋濂撰,此宜可征而信者。又考《金华府志》载有汉诸暨令张敦墓在县东四十里,此亦一征也。据《浦阳人物记》,浦江张敦字伯仁,考《吴录》吴郡张敦字叔方,自是两人。况张敦之与陆凯,此并无亥豕鱼鲁之见訛者,又何疑? 第朱志以为黄武元年壬寅任者,未知何据。徐志于东汉书浦江人,则明为后人追书之词。据《十国春秋》,系吴越改婺州浦阳县为浦江县,据《顺存录》,则梁贞明三年改。于此见缵亭先生(即骆问礼)考核精详,原未尝轻心掉之。"

杨 扶

杨扶,字圣仪。会稽郡浦江县人。杨扶曾为武源县令,为政仁爱,体恤民情。当时的人们,为他编了一首歌谣:"杨圣仪,政多奇。"官至交州刺史。

见于万历《金华府志》卷十五《人物》

骆 俊

骆俊,字孝远,会稽义乌人,曾被举为孝廉,补尚书郎,迁为陈留相。当时袁术冒称帝号,盗贼乘势起事,骆俊讲求武备,保卫边境,贼众不敢侵犯。百姓安居乐业,年岁收成可观,仓囷充盈。汉末天下扰乱,百姓生活在水深火热之中,唯独陈留国在骆俊的治理下,幸免于难,不受兵燹、饥荒之苦。相邻郡县的百姓携妻抱子前来逃难,骆俊尽力赈济,很多人因此幸免于死。如果有人生了孩子,骆俊会额外多送一些粮米肉食。人们非常感激骆俊的救助,新生的孩子多以骆为姓氏,以此表示对他再生之恩的感戴。

后来,袁术军队的粮草用度不足,派遣使者到陈留请求资助。骆俊大义凛然,拒绝了袁术的请求。这让袁术大为震怒,于是他派兵偷袭陈留,杀了骆俊。

见于万历《金华府志》卷十五《人物》

万历《绍兴府志》

丁 复

丁复，会稽山阴人。汉高祖刘邦起事之初，丁复即以越将的身份跟随反秦。刘邦入关，驻守霸上，丁复时为楼烦将。项羽分封诸侯，他跟随刘邦前往汉中。汉王后来还定三秦，他隶属周吕侯吕泽，一同挥师东向。在彭城这个地方，他打败了项羽手下的大将龙且，升为大司马。又因为在兵家必争的叶地打败了项羽，刘邦拜丁复为将军，封忠臣侯，食禄七千八百户。天下安定，汉高祖评定功勋，有十八人建立大功，其中丁复排在十七位。高帝十九年，丁复去世，谥号为敬。其子趮侯丁宁继承侯爵。[①] 丁宁在高后十二年去世，他的儿子丁安城承袭爵位。孝景帝二年，丁安城有罪，爵位被免除。[②] 汉宣帝元康四年，临沂公士丁赐是丁复的曾孙，他得到朝廷恩待，免除赋税和劳役。

见于万历《绍兴府志》卷三十六《王侯》

张 买

张买，越人，曾为汉高祖骑将军。吕太后元年四月丙寅，以中

---

① 颜师古曰："趮，古躁字也。"
②《汉书·高惠高后文功臣表》曰："孝文十年，侯安城嗣，十五年。孝景二年，有罪，免户万七千。"

大夫身份封为南宫侯。①

见于万历《绍兴府志》卷三十六《王侯》

颜 驷

颜驷,西汉时任郎官。有一次,汉武帝到郎署视察,见到颜驷须眉皓白,在年轻的同僚中显得异常刺眼。汉武帝问他:"你什么时候开始做郎官,侍从皇上左右的? 为何如此苍老,还没有升迁呢?"颜驷回答道:"臣下在汉文帝时期开始担任郎官,但是汉文帝喜欢文臣,而在下好武;汉景帝喜欢容貌俊秀的大臣,而在下长相丑陋;而今陛下即位了,喜欢年少有为的人,而在下却已经老了。"武帝被他的经历感动,当天就拔擢他为会稽都尉。②

见于万历《绍兴府志》卷三十七《名宦》

任 延

任延,字长孙,南阳宛县人。更始元年,任延担任会稽都尉,代理太守管理会稽郡事务。任延此时年仅十九岁,迎接他的官员

---

① 张买事迹见于正史记载者尚有两处。《史记·吕后本纪》有"封张买为南宫侯",徐广注曰:"其父越人,为高祖骑将。"《史记·惠景间侯者年表》于"南宫"条下曰:"以父越人,为高祖骑将,从军,以大中大夫封。(高后)八年,侯买坐吕氏事,国除。"乾隆《绍兴府志》将张买列于"宦迹"一门,对张买行迹颇有疑词,可供参考:"考是时所称越人越将,皆闽越南越东越,非会稽也。买之父为高祖骑将,亦非买也。'越人',为其父名亦未可知。买又吕氏党,其人不足存《汉书》。《表》云'侯生嗣',孝武初方除,与《史记》又异。"

② 乾隆《绍兴府志》在颜驷传下,注明出处为《汉书》。其实,颜驷传略当出于古本《汉武故事》,今见引于《文选·思玄赋》李善《注》,《太平御览》卷七百七十四《车部·辇》。

简直不敢相信自己的眼睛,代理太守竟然如此年轻。任延上任之后,没有新官上任三把火,而是"静泊无为",维护现状,保持制度的连续性。这个时候,他唯一用力去做的一件事,是让手下人去祭祀春秋时期的贤人季札。

任延主持会稽事务期间,天下刚刚稳定,南北交通阻隔,许多逃避战乱的中原士人尚未来得及返回北方,因此会稽境内实际上多有贤人滞留。任延常以师友之礼对待这些士人,非常敬重。当时,品行高洁之士如董子仪、严子陵等人都曾经得到过任延的礼遇。任延对待下属,同样宽厚慈爱,遇到有的掾吏比较贫穷,他就从自己的俸禄中拿出一部分进行周济。他还裁去冗余士卒,让他们耕作官府的公田。耕田所得,用于接济那些穷困而有急需的人。每次去属县巡查时,任延总不忘勉励孝子,使得民风更为淳朴。任延在会稽郡礼遇龙丘苌的事情已见前传。当时掾吏提议召见龙丘苌,任延说:"龙丘苌这位老先生信守德义,有伯夷、原宪等古贤人的高风亮节,即使我亲自恭请,还怕人家不应允,哪敢派人去呢?"于是他派功曹先行拜见,奉送常用医药。这样的礼遇持续了一年,龙丘苌终于有所感动,表示愿意为任延做事。任延不敢委屈他,再三辞谢,最后任命他为议曹祭酒。不久,龙丘苌因病去世,任延亲临持丧,三天不听政事。从此,会稽郡的贤士纷纷出隐入仕,为任延出力,士风大改。①

见于万历《绍兴府志》卷三十七《名宦》

---

① 任延后期仕宦不在会稽,故而不列正文。建武以后,任延曾为九真太守、武威太守。在九真,任延教导耕种,制定礼法,设置节度,民风大改。在武威,行为端正,尽心政事,不从雷同,刚柔并用,豪强收手,黎民安生,政绩卓著。

黄谠

黄谠,汝南人,光武帝初年任会稽太守。① 黄谠起用会稽士人包咸作为主簿,同时让自己的儿子拜他为师。黄谠又让督邮钟离意治理会稽属县,积极救治灾害,安抚患难。在他的治理下,会稽郡的政事、民生得到极大的改善。

见于万历《绍兴府志》卷三十七《名宦》

第五伦

第五伦,字伯鱼,京兆长陵人。光武帝中叶,第五伦担任会稽太守。② 虽然贵为二千石,第五伦还是亲自切割草料养马,妻子执炊烧饭。所得俸禄,不作积蓄,只留下一个月的粮食,其余的部分都用于接济贫民。

汉代,会稽地区盛行祭祀与卜筮,民众常常杀牛祭神,百姓的财产往往因此困乏。这种风气根深蒂固,前前后后的太守都没能解决好这个问题。第五伦上任之后,给各个属县发布文告,凡是借鬼神欺弄百姓的巫祝一律捉拿问罪,凡是违法杀牛的人一律重罚。此后民风渐改,百姓得以安定。

---

① 严耕望《两汉太守刺史表》将黄谠列于东汉会稽太守之首,"黄谠,汝南人,建武十四年前不久见在任,治甚有声"。见第213页。

② 乾隆《绍兴府志》作"建武二十九年,拜会稽太守",依《后汉书·第五伦传》,是。"(建武)二十九年,从王朝京师,随官属得会见,帝问以政事,伦因此酬对政道,帝大悦。明日,复特召入,与语至夕。……帝大笑,伦出,有诏以为扶夷长,未到官,追拜会稽太守"。

永平五年,第五伦因触犯法令被朝廷征召。① 当地百姓攀住他的车子,拉着马,啼哭着跟在后面,每天只能走几里路。第五伦只好假装住在亭舍,暗中乘船离去。及至被送廷尉,官民赶到京城为他求情的有千余人。当时,恰遇汉明帝巡查廷尉案件,审录囚犯,第五伦得以免罪,放归田里。②

见于万历《绍兴府志》卷三十七《名宦》

尹　兴

尹兴,明帝时期担任会稽太守。有一年,庄稼歉收,百姓无以充饥。尹兴十分体恤饥饿的民众,让户曹陆续在都亭设点,提供粥食。陆续仔细地端详每一个接受食物的人,并且询问他们的姓氏。事后,尹兴想知道这次行动究竟帮助了多少人,陆续告诉他有六百余人,并且将他们的姓名详细复述了一遍,丝毫不差。尹兴听罢,对陆续十分赞赏。后来,刺史巡查州郡,辟陆续为别驾从事。

楚王刘英谋反,暗地里拉拢天下的贤才,多有书信往来。后来汉明帝严查此案,发现尹兴牵连其中。尹兴和门下掾陆续、主簿梁松、功曹史驷勋全部被抓到洛阳,关进廷尉大狱,遇赦,放归田里。③

见于万历《绍兴府志》卷三十七《名宦》

---

① 自建武二十九年至永平五年,第五伦为会稽太守凡九年。严耕望《两汉太守刺史表》曰:"第五伦,京兆长陵人,建武二十九年任(会稽太守),逾九年免。"见第 213 页。

② 乾隆《绍兴府志》对于第五伦在会稽太守之后的仕宦经历尚有简略记载:"岁余,迁蜀郡太守。肃宗初,代牟融为司空。卒,年八十余。"

③ 严耕望《两汉太守刺史表》曰:"尹兴在任(会稽太守)甚久,永平十三、四年,坐楚狱免。"第 213 页。

庆　鸿

　　庆鸿，东汉洛阳人。庆鸿为人慷慨而有节义，与杜陵人廉范为刎颈之交，当时人称："前有管鲍，后有庆廉。"庆鸿官至会稽太守，政绩突出，颇有政声。①

　　　　　　　　　　　见于万历《绍兴府志》卷三十七《名宦》

张　霸

　　张霸，字伯饶，蜀郡成都人，博学多才，深于经学。东汉和帝永元中叶，张霸被举孝廉，任职会稽太守。张霸刚上任时，会稽地区尚被周边郡县的盗贼困扰，边界混乱不宁。张霸发布文告，悬赏捉拿盗贼，明目标价，信守承诺。群贼见势不妙，纷纷束手就擒，改邪归正，官府不费一兵一卒。此后，张霸又带领士卒入海追拿逃逸的寇贼。途中遭遇大风，兵卒恐惧万分。张霸说："你们不要害怕，我带领大家奉守法令，讨伐寇贼，是完全正当的行为，天人共助，海上大风绝对不会妨害我们。"张霸的信心感染了兵卒，不一会儿，海风果真止息了。遁逃到海上的盗贼最后都被抓获。

　　张霸治理会稽郡，武功卓著，文治也有可观的地方。会稽处士顾奉、公孙松等人声名极佳，深得时人赞许，张霸提拔他们，让他们出来为官府做事。有些人不见世人称许，但是确有真才实学，张霸也予以重用。因此，会稽士人争相砥砺名节，治经修身。巡行道上，耳畔只闻朗朗诵书之声，文教昌明。百姓为张霸作歌

---

　　① 庆鸿事迹见于《后汉书·廉范传》。严耕望《两汉太守刺史表》曰："庆鸿，河南洛阳人，盖章、和之际，治有声。"第 213 页。

谣,赞美他安定社会的武功:"弃我戟,捐我矛。盗贼尽,吏皆休。"又作歌谣,赞美他净化风俗的文治:"城上乌鸣哺父母,府中诸吏皆孝子。"

张霸任会稽太守三年,他对自己的掾吏说:"我本来出自寒微的书生,今天官居二千石,应该是致位已极了。老子曾说'知足不辱',人应当体会其中的涵义,做到急流勇退。"于是上书,推说自己有病,去官归田。

见于万历《绍兴府志》卷三十七《名宦》

马　稜

马稜,字伯威,扶风茂陵人,伏波将军马援的族侄。汉和帝初年,举孝廉,担任广陵太守。[①] 当时,谷价腾贵,百姓饥饿。马稜上奏朝廷,请求罢除盐官垄断,造福百姓。同时,马稜还主持修复河塘湖泊,疏通渠道,灌溉农田两万多顷,农业生产得到恢复,百姓为他刻碑颂德。不久,马稜转任会稽太守,政绩突出,百姓安生。马稜之后,赵牧担任会稽太守,也很有政绩,与马稜并称。[②]

见于万历《绍兴府志》卷三十七《名宦》

---

① 乾隆《绍兴府志》:"马稜,字伯威,援之族孙。肃宗以稜行义,征拜谒者。永元二年,江湖多剧贼,以陵(当为稜)为丹阳太守,皆禽灭之,转会稽太守,治亦有声。"马稜履历,万历、乾隆两《府志》皆与《后汉书》记载有异:"稜字伯威,援之族孙也。……及马氏废,肃宗以稜行义,征拜谒者。章和元年,迁广陵太守。……永元二年,转汉阳太守,有威严称。……后数年,江湖多剧贼,以稜为丹阳太守。稜发兵掩击,皆禽灭之。转会稽太守,治亦有声。"

② 严耕望《两汉太守刺史表》曰:"马稜,扶风茂陵人,永元十年前后(任会稽太守),禽剧盗。赵牧,京兆长安人,和、安之际(任会稽太守)。"第213页。

67

陈 重

陈重,豫章郡宜春人。陈重与鄱阳人雷义是挚友,世人称作"雷陈"。太守举陈重为孝廉。当时,陈重有一位郎官室友,欠人家数万钱,无力偿还。陈重代他还掉欠款,却不告诉他是自己做的。后来,陈重迁任会稽太守,政绩卓著。[1]

见于万历《绍兴府志》卷三十七《名宦》

马 臻

马臻,字叔荐。汉顺帝永和中叶,马臻担任会稽太守,开始修筑镜湖,蓄水灌溉农田。[2] 镜湖高于农田一丈多,农田又高于海水一丈多。如遇天旱,则泄湖水以灌溉农田;如遇水涝,则关蓄湖水,将农田多余的水排到大海。所以无论旱魃还是雨涝,都不会构成灾害,百姓旱涝保收,衣食无忧。镜湖周延三百一十里,可以灌溉农田九千余顷,当地百姓赖此以生。

修筑镜湖是造福民生的工程,但因创湖之始,淹没了很多居

---

① 陈重事迹,见于正史记载。然据《后汉书·独行列传》,其人是否亲临会稽担任太守,实为悬疑。"陈重字景公,豫章宜春人也。少与同郡雷义为友,俱学《鲁诗》、《颜氏春秋》。太守张云举重孝廉,重以让义,前后十余通记,云不听。义明年举孝廉,重与俱在郎署。有同署郎负息钱数十万,责主日至,诡求无已,重乃密以钱代还。郎后觉知而厚辞谢之。重曰:'非我之为,将有同姓名者。'终不言惠。又同舍郎有告归宁者,误持邻舍郎绔以去。主疑重所取,重不自申说,而市绔以偿之。后宁丧者归,以绔还主,其事乃显。重后与义俱拜尚书郎,义代同时人受罪,以此黜退。重见义去,亦以病免。后举茂才,除细阳令。政有异化,举尤异,当迁为会稽太守,遭姊忧去官。后为司徒所辟,拜侍御史,卒。"

② 乾隆《绍兴府志》作:"马臻,字叔荐,永和五年为会稽太守。"

民的住宅和墓地,伤害了豪门大族的利益,所以朝廷不断接到飞书诬告,修筑镜湖的弊端也被不断夸大。当时,正值东汉政权日益衰微,朝廷黑暗,宦官作乱,马臻竟然被诬告致死。此后,山阴百姓得到镜湖带来的好处,千百年以来,这里始终没有发生大的旱涝灾害。人们怀念马臻的功德,为他在镜湖边上树立祠堂,祭祀不绝。[①]

见于万历《绍兴府志》卷三十七《名宦》

殷　丹

殷丹,汉冲帝永嘉中叶,任会稽太守。郡地原来有一位妇女,非常孝顺,却被丈夫的妹妹诬告致死。怨气感动上天,会稽之地连续两年遭遇酷旱,百姓颗粒无收。殷丹上任之后,把诬告嫂子的女子捉拿归案,判以死罪,用她的头为冤死的妇女祭奠。冤狱得以昭雪,上天立刻下起大雨。[②]

见于万历《绍兴府志》卷三十七《名宦》

刘　宠

刘宠,字祖荣,东莱牟平人,曾任会稽太守。会稽郡内,山区的百姓谨慎朴实,有些人终生不曾进入闹市喧嚣场所。但是官府

---

① 马臻传略之后,张元忭对其受刑有一考证:"按旧志:臻创湖之始,多淹塚宅,有千余人怨诉,臻遂被刑于市。及遣使按覆,总不见人籍,皆是先死亡者。审尔,则臻既结怨于幽明矣,何为民更思之而庙祀至今耶?今从戴《志草》(指戴冠纂修弘治《绍兴府志草稿》),于理为近,其说本嘉泰志,非无稽也,览者察焉。"
② 乾隆《绍兴府志》所记略同,惟不载殷丹何时担任会稽太守。

法令苛严,征求无度,使得这些安分守己的人常常遭到侵扰。刘宠来了之后,废除扰民的政令,严惩非法搜刮之举。乡间生活重又回归宁静,百姓得以安生。因为政绩突出,刘宠被朝廷征为将作大匠。在去京城的路上,刘宠遇到了五六位须眉皓白的老者。他们都从若邪山谷中来,每个人准备了一百钱作为礼物送给太守。刘宠不欲接受,"老人家,你们何必如此客气?"老人说:"我们都是不见世面的乡间老朽,以前官府搜求征发,没日没夜,犬吠之声,甚至彻夜不息,民不安生。自从您来以后,官吏不再扰民,夜晚再无彻夜狗叫。我们活了大半辈子,到老终于见到圣明之治,感到无比欣慰。听说您要高迁,我们几个互相搀扶着,到这里等您,奉上我们的一片心意。"刘宠说:"老人家奖掖过度,我的治政哪有您说的那么好?你们辛苦了。"于是他从老人手上各取一钱,表示接受他们的心意,拒收他们的钱财。几经升迁,刘宠后来成为东汉朝廷的公卿宰辅。但是他那廉洁自守的品格一直没变,虽然高官累年,家中却没有积蓄钱财。①

见于万历《绍兴府志》卷三十七《名宦》

孟　淑

孟淑,上虞人,她的父亲孟质曾为中郎将。孟淑十七岁那年,家里为她安排出嫁。男方的聘礼已经送到,但是有强盗来劫夺。孟淑的祖父为了保护财物,持刀与盗贼对抗,结果被杀死。本是

---

① 《三国志·吴志·刘繇传》裴松之《注》引《续汉书》:"会稽号(刘)宠为取一钱太守,其清如是。宠前后历二郡,八居九列,四登三事,家不藏贿,无重宝器,恒菲饮食,薄衣服,弊车羸马,号为窭陋。三去相位,辄归本土。往来京师,常下道脱骖过,人莫知焉。"

喜庆之事,却变成人间悲剧,孟淑万分悲痛。她觉得祖父之死,是因为保护自己的聘礼,都是婚礼的缘故。想到这里,孟淑深深叹息起来:"如果没有我,就不会有这场灾祸。祖父因为我而死,今后我又有何颜面苟存于世呢?"于是,她自经身亡。[①]

见于万历《绍兴府志》卷四十七《列女》

上虞孝妇

上虞孝妇,不知是何姓氏,也不知出于何地,只知道她对待婆婆非常孝顺。婆婆年老体弱,寿终去世,但是丈夫的妹妹怀疑孝妇的人品,充满嫌忌。她诬陷孝妇,说她因为不愿意抚养年老的婆婆,所以下药毒死了老人。小姑子在证据不足的情况下将孝妇告上官府,而郡守不加细察,判处孝妇死罪。孟尝当时担任郡吏,他据理力争,认为孝妇被人冤枉。但是太守不听孟尝申辩,不为寡妇改刑。孝妇蒙冤而死,孟尝深感无奈,于是他以病为由,辞官回家。孝妇冤死之后,郡内连续两年大旱,郡守率吏民四处祈祷,不见效果,百姓颗粒无收。继任太守殷丹上任,认为是冤狱感动上天,导致阴阳不和,出现大旱。所以他严惩诬告者,隆重祭拜孝妇,天上立刻下起大雨。孝妇一事与西汉东海于公经历的案子非常相像。当时东海孝妇蒙冤而死,感动天气,以致大旱连年,于公直言冤情,改葬孝妇,甘霖立降。

上虞孝妇的事迹见于孟尝传记,上虞县较早的县志说上虞孝妇即包全之女。包全行迹见于乾隆《绍兴府志》里面的《孝义传》,

---

① 孟淑,万历《上虞县志》作"盟淑",乾隆《绍兴府志》、光绪《上虞县志》、《上虞县志校续》与本志同。

里面说包全为人非常孝顺,不知旧志所载是否属实。①

见于万历《绍兴府志》卷四十七《列女》

万历《秀水县志》

徐 栩

徐栩,字敬卿,由拳县人。徐栩年轻时曾为监狱的办事官吏,尽心公务,执法公正,迁为小黄县令。当时,陈留郡遭受蝗灾,庄稼遭到侵害,百姓歉收。漫天盖地的蝗虫经过小黄时,径直飞过,没有下来作害。然而刺史巡查,不但没有汇报政绩,反而添油加醋地报告徐栩在其他事务上的失误,导致徐栩被罢官。说来也怪,徐栩刚离任,那些本已飞走了的蝗虫,又鬼使神差地折回小黄,降落作害。刺史大为震惊,同时非常羞愧,请求徐栩官复原职。至此,那批贪婪吞噬庄稼的蝗虫这才飞走。徐栩后来官至长沙太守。

见于万历《秀水县志》卷六《宦迹》

严 忌

严忌,本姓庄,叫庄忌。后来避汉明帝的讳,改称严忌,是由

---

① 上虞旧志论列孝妇为包氏女者有正统、万历、康熙、嘉庆诸种。光绪《上虞县志》于上虞孝妇传末有一考案,与其考包全事略至为吻合:"案:《后汉书》所载止此,别无姓氏可考。正统志作'包全女',万历志称所居曰'孝闻岭',皆傅会不足据,嘉庆志竟作'包娥',误矣。"

拳县人。严忌跟司马相如一样，都喜好创作辞赋。他有感于屈原为人忠贞，才华映世，却生不逢时，遭遇暗主，所以做了一篇辞采华茂的《哀时命赋》。[①] 然而，汉景帝不喜欢辞赋，严忌满腹文采，却无所施展。严忌听说梁孝王尊重文学之士，所以徒步赶到梁国，得到梁王礼遇。在梁孝王那里，严忌跟邹阳、枚乘得到同样的尊重，其中严忌的声名尤为远扬，世人称他为严夫子。严忌死后，葬在由拳县新城镇。

见于万历《秀水县志》卷六《文苑》

吕 荣

吕荣，由拳人，许升的妻子。许升年轻时喜欢赌博，品行不佳。吕荣尽力奉养公婆，勤勉持家，含辛茹苦。丈夫不务正业，吕荣经常勉励他修学进取，不要蹉跎岁月。尽管吕荣再三劝勉，许升还是劣迹难改。吕荣的父亲对许升早已不满，多次劝女儿改嫁。吕荣说："妇人嫁夫，命运所定，自当善始善终，不可中道放弃，另起他心！"不管父亲怎样劝说，吕荣就是不肯改嫁。也许是精诚所至，许升后来终于有所感悟，发奋自励，改邪归正。他听从妻子建议，四方游学，遍寻名师，锐意进取。几经寒暑，许升终于学有所成，远近有名。不久，扬州刺史征召许升，任以官职。然而，在赴职途中许升却被盗贼杀害。扬州刺史尹耀下令追拿凶手，经过多方搜索，杀人的盗贼终于被抓住。吕荣在迎接丈夫尸首之后，赶往州治寿春，请求让自己处置罪犯，为丈夫报仇。获得应允，吕荣亲自操刀，割下犯人头颅，放到丈夫墓前，告慰在天之灵。

---

① 万历《秀水县志》卷七《艺文志·艺文》收录严忌《哀时命赋》正文。

后来,黄巾贼至,想要侵污她,吕荣翻墙逃走。贼人手持钢刀,在后面追赶,吕荣誓死不从,结果被贼人杀害。突然,老天好像变了脸,狂风大作,暴雨倾盆,电闪雷鸣。奸贼连忙下跪叩头,向天神告罪,请求安葬吕荣以求赎罪。[1]

见于万历《秀水县志》卷六《列女》

万历《上虞县志》

樊　正

樊正,上虞人。孙吴时期,朱育曾将樊正与吴宁斯敦、山阴祁庚并列,作为孝义的典范。这是因为樊正、斯敦与祁庚都曾经代父受刑,献出生命。[2]

见于新修万历《上虞县志》卷十七《孝义》

---

[1] 吕荣之夫许升,万历《嘉兴府志》作"吴计升",吕荣事迹亦较《秀水县志》为详:"吕荣,由拳人,吴计升妻。升少为博徒,不理操行,荣尝躬勤家业,养其姑。数劝升修学,升有不善,辄流涕进规。荣父积忿疾计升,呼荣欲改嫁之,荣曰:'命之所遭,义无离二。'终不肯归。升感激自励,乃寻师远学,遂以成名。寻被本州辟命,行至寿春,为盗所害。刺史尹耀捕盗得之,荣迎丧于路,诣州,请甘心仇人。荣乃手断其头,祭计升。巨族多欲聘之,誓不再嫁。黄巾贼陈宝欲秽之,荣执节不听,踰垣而走。贼拔刀追之,曰:'从我则生,不从则死。'荣曰:'义不以身受辱。'遂杀之。是日,疾风暴雨,雷电晦冥,贼惧,叩头谢罪,殡葬之。吴郡太守麋豹闻荣高行,遣主簿祭,又出钱助县为塚于由拳郭里墟北,名'吴义妇坟'。"

[2] 樊正为朱育称扬,见于《会稽典录》"朱育"一节,"吴宁斯敦、山阴祁庚、上虞樊正,咸代父死罪"。朱育为三国时人,然樊正未必与其同时,故光绪《上虞县志》列樊正于"三国吴",而万历《上虞县志》、康熙《上虞县志》皆列樊正为汉代"孝义"之首。

翟　素

翟素,翟氏之女。当盗贼想要侮辱翟素的时候,她已经许配人家,并且接受了男方聘礼,只差亲迎过门。盗贼穷凶极恶,把刀刃架在翟素脖子上,但是她坚决不从。"你可以杀掉我,但是休想玷污我"。盗贼见翟素凛然不可侵犯,就杀了她。[①]

见于新修万历《上虞县志》卷十八《列女》

魏伯阳

魏伯阳,博览群书,喜好道家仙术,讲求炼丹。有一天,魏伯阳带了三个弟子进山炼丹。炼成以后,为了考验弟子的诚意,他说:"金丹炼成,吃了之后,人马上就会死。"其中一个弟子心想:师傅法力高超,并非一般的道人,他说服完仙丹立即死去,也许是别有含意。想到这里,这个弟子就把仙丹放进嘴里,吞咽下去,不一会儿就死了。另外两个弟子心想:炼丹是为了长生,可如今服丹,反而死得更快了,那还不如不服呢? 于是两人一起下山,顺便为

[①] 光绪《上虞县志》与《上虞县志校续》不载翟素其人,万历、乾隆两《绍兴府志》载翟素为三国吴人,乾隆《温州府志》亦列瞿素为三国时人,惟万历、康熙两《上虞县志》不注明翟素朝代,附于汉代曹娥、孟淑、孝妇之后。翟素见于朱育对濮阳兴之问,与松阳柳朱并列,同为"近世之事,尚在耳目"。然朱育所谓近世,其实亦包括樊正、虞翔、陈业诸人,此皆非三国所能指代。故与其疑而删,莫若疑而存。又,翟素之死尚见于《艺文类聚》卷三十五引皇甫谧《列女后传》。"会稽翟素,受聘未及配,适遭贼欲犯之,临之以白刃,素曰:'我可得而杀,不可得而辱。'素婢名青乞代素,贼遂杀素。复欲犯青,青曰:'向欲代素者,恐被耻获害耳,今素已死,我何以生为?'贼复杀之。"

魏伯阳及死去的同门寻求棺木。等那两个心意不坚的弟子出山之后,魏伯阳马上站起身来,带着先前服丹的弟子一道离去。在路上,他们遇到一个进山打柴的人。魏伯阳写了一封信,托此人带给另外两个弟子,告诉他们真相,并表示谢意。魏伯阳著有《参同契》《五相》等书,共三卷。[1] 这些书表面上是解说《周易》的著作,实际上只是假借爻象论述炼丹的理论。今天,上虞县西南的金垒山上还留有魏伯阳当年炼丹的遗迹。[2]

见于新修万历《上虞县志》卷十八《仙释》

天启《慈溪县志》

任 奕

任奕,字辉臣,从小颖悟,官至御史中丞。[3] 任奕做官,不慕权势荣利,只为实行仁义,造福百姓。任奕做文章,不刻意雕饰辞

---

① 《五相》,依光绪《上虞县志校续》,当为《五相类》。

② 光绪《上虞县志校续》于魏伯阳传略之后,抄录相关资料,补方志之阙:"《元真录》:'伯阳真人,名笃,字恪斋,别号云霞子,道号伯阳先生。'《备稿》引唐顺之《史纂左编》:'魏伯阳,上虞人,世袭簪裾,惟公不仕,会志虚无。不知师授谁氏,得古人《龙虎经》,尽获妙旨,乃撰《参同契》。'皆旧志所未备。"

③ 任奕之字,依徐象梅《两浙名贤录》卷四十五《文苑·鄱阳太守虞翔》作"次龙",与此"字辉臣"有异。任奕之籍贯,民国《镇海县志》曾有考案:"案乾隆志、光绪志(两《镇海县志》)人物传均以任奕居首;奕为句章人,见宝庆志、延祐志(两《四明志》)。汉时慈溪、镇海皆在句章境内,故宝庆、延祐两志但仍《会稽典录》之旧,不复分析。后此,慈、镇各自立传,所谓疑以传疑也。旧志谓其子孙世居灵绪,则立传更非无据,今仍之(将任奕收为镇海人物)"。

章,重在扶翼经义道德。① 朱育曾经说他是文章之士,赞美他立论彪炳,光明正大,称扬他所做的檄文,如春花般馥郁华美。任奕曾经著书十卷,名为《任子》。② 像任奕这样亲历兴衰、官至台谏的人物,却不能留名青史而文遭兵燹,后世的评议者不能不感到遗憾。

见于天启《慈溪县志》卷九《文苑》

---

① 《两浙名贤录》曾补充任奕一事,"任次龙名奕,郡将蒋秀请为功曹,谢去,后历官御史中丞"。后此,光绪《慈溪县志》亦云:"奕立操清修,不染流俗,郡将秀请为功曹。尝以秀不奉法,苦谏不纳,谢去。久之,秀坐事被收,叹曰:'任功曹真人也!'"然周树人辑《会稽典录》曰:"是误合任旭、任奕为一也。旭,临海人,见《晋书·隐逸传》。"

② 任奕,光绪《镇海县志》卷二十一作"任弈","任弈,勾章人,为御史中丞。朱育称为文章之臣,'立言粲盛,所驰文檄,晔若春荣'。有《任子》十卷,其《道论篇》略曰:'一人之智不如众人之愚,一目之察不如众目之明。'又曰:'水可干而不可夺湿,火可灭而不可夺热,金可柔而不可夺重,石可破而不可夺坚。'又曰:'天之圆也不中规,地之方也不中矩。日月为天下眼目,人不知德,山川为天下衣食,人不知谢。'皆挚语也。"康熙《定海县志》亦多载《任子》之文,"任弈,字辉臣,……论气质,曰:'水可干而不可夺湿,火可灭而不可夺热,金可柔而不可夺重,石可破而不可夺坚,木气人勇,金气人刚,火气人强而躁,土气人智而宽,水气人急而贼。'论学问,曰:'学所以治己,教所以治人。不勤学则无以为智,不勤教则无以为仁。一人之智不如众人之愚,一目之察不如众目之明。'论公恕,曰:'天之圆也不中规,地之方也不可矩。山必有阜,河必有曲,江汉东流必有迴复。直木无阴,直士无徒,是以贤人直士常不容于世。古之公也笃,今之公也薄。以义事主,不私其己,以仁接人,不谋其欲。火佚焚家,家不罪火,食过伤人,人不罪食,以其积之于仁义,无私害也。伊尹放太甲,太甲无怨心,管仲黜伯氏,伯氏无怨言,以其积之于公正,无私恶也。'论政治,曰:'萧何守文法,曹参务无苛,相继作相,天下获安。武帝轻人命,重武功,饬宫室,厚敷敛,土地益广,德惠弥狭。道德之怀民,犹春阳之柔物也。履深冰而不寒,结木条而不折。'论军乘,曰:'善陈者,徒众整一,如列宿之陈,部伍周廻,如山岳之盘。'论出处,曰:'神龙不处纲罟之水,凤凰不翔罻罗之乡,贤人不入危国,智者不辅乱君。'其书久亡,犹时轶见于古籍,断珪残壁,皆足宝也。官至御史中丞。王应麟赞曰:'董子遗风,人恬隐逸,避秦仕汉,终泯声迹。德辉日丽,文藻春荣,名高位显,达哉中丞。'"《任子》残本今见于《意林》卷五。

郑 云

郑云,字仲兴,研习《韩诗》和《公羊春秋》。郑云跟梁宏都是吴郡太守尹兴的主簿。汉明帝时期,楚王刘英谋反一案牵连众多,尹兴也在罪人之列。作为属吏,郑云被捕,与太守一起被投进洛阳监狱。郑云依然礼敬尹兴,不因同处监狱而有丝毫改变。历经折磨,郑云始终坚持尹兴是无辜的。但是因为受刑过重,郑云命丧牢狱。后来,使者有感于陆续母亲"切肉未尝不方"的故事,暗中善待尹兴等人,并且上书描述郑云操行。因此尹兴被遣返乡里,终身禁锢。郑云既已去世,故而表彰他的名行,使其家教门风为世人熟知。①

见于天启《慈溪县志》卷十《义侠》

梁 宏

梁宏,年少时曾经在海边隐居,负有盛名。吴郡太守尹兴任用他做主簿。楚王刘英谋反,暗中招揽天下贤才,交通书信。案发,汉明帝得到楚王的联络名单,其中有尹兴的名字,于是把他抓到廷尉的监狱。梁宏跟当时的门下掾陆续、功曹史驷勋以及普通

---

① 天启、雍正、光绪三《慈溪县志》皆不载郑云、梁宏出处,宝庆、延祐两《四明志》言郑、梁出于句章,乾隆《宁波府志》采之,而成化《宁波郡志》曰:"郑云、梁宏皆慈溪人。"其实,句章之说初见于《会稽典录》,后代方志述郑云、梁宏事迹,多由此出。"梁宏,句章人也。太守尹兴召署主簿。是时楚王英谋反,妄疏天下牧守。谋发,兴在数中,征诣廷尉。宏与门下掾陆续等,传考诏狱,掠毒惨至,辞气益壮。""郑云字仲兴,句章人也。学《韩诗》《公羊春秋》,为主簿。后以刘隽事,狱死。郡以状闻,旌表门闾。"

掾吏五百多人,一同赶往洛阳监狱接受拷问。掾吏大都难以忍受酷刑折磨,超过半数的人都死在监狱。梁宏、驷勋、陆续等人虽然皮破血流,肌肉生疮,但是始终不妥协,不改口屈招。后来因为陆续母亲的事情而被释放,遣返故里。

见于天启《慈溪县志》卷十《义侠》

天启《舟山志》

安期生

安期生,琅琊人,曾经到昌国桃花山修仙。据说,桃花岛上的桃花都是安期生醉酒以后,将墨洒在岩石上形成的。安期生最后的归宿,历来不甚清楚,但是安期乡的名称却是由安期生而来。[①]

见于天启《舟山志》卷三《流寓》

徐市

徐市,盱眙人,曾经做过秦始皇的侍直。因为周旋在始皇周围,所以徐市借机向皇帝建议,可以带领五百童男童女,出海寻求长生不老之药。徐市并未兑现承诺,只是驻足在昌国境内的东霍山。年高识广的人都说,东霍山中有一个石棋枰,周围竹林茂密,

---

① 安期生行迹亦见于乾道《四明图志》卷七:"桃花山在县东南一百二十里,耆老相传安期先生学道炼丹于此。尝以醉墨洒于山石上,遂成桃花纹,奇形异状,宛若天然,人多取之,以为珍玩,故山号桃花。而乡名安期,实出于此。"

枝叶婆娑，中间清静无尘，是澄明的神仙境界。①

见于天启《舟山志》卷三《流寓》

《武林灵隐寺志》

陆 玮

陆玮，字文该，会稽郡钱塘人。东汉末年，世乱不堪，民生艰难，陆玮于是归还俸禄，弃官退隐，来到武林山涧南，研习《周易》。陆玮自己建造了一个隐居堂。堂内西面墙壁上画了九师像，东面墙壁画上八公像，所以当时的人用九师堂来称呼他的住所。②

见于《武林灵隐寺志》卷五《人物》

陈 浑

陈浑，汉灵帝熹平二年担任余杭县令，山中百姓将他作为土

---

① 乾道《四明图经》卷七："东霍山在县东北海中，四面大洋，上有虎豹龙蛇，人迹罕至。耆旧相传，古有仙者隐于此。山有石棋盘，四围皆修竹，风至则竹枝扫盘，绝无纤尘，若人使之然。"

② 依孙治初按语，"九师"、"八公"皆与淮南王刘安有关，"汉俗皆以淮南为得仙，故（陆）玮向慕如此"。《初学记》二十一引刘向《别录》曰："淮南王聘善为《易》者九人，从之采获，署曰《淮南九师书》。"杜光庭《录异记》："八公，见淮南子自称姓氏曰：文五常、武七德、枝百英、寿千龄、叶万椿、鸣九皋、修三田、岑一峰。"陆玮行迹无可考，孙治初曰："玮行无可考，松江有陆伟墓。"民国《杭州府志》一百四十八《人物·隐逸》采《两浙名贤录》曰："陆玮，字文该，钱塘人。汉季纳禄，归隐灵鹫山莲花峰下。"

神加以祭祀，延续至今，香火不断。①

见于《武林灵隐寺志》卷五《人物》

康熙《德清县志》

沈 戎

沈戎，字威卿，东汉初年担任光禄勋。沈戎以九路从事的身份，劝说反贼尹良等人，使其降服。光武帝嘉奖沈戎的功绩，封赏他为海昏侯。沈戎谦退，辞掉封赏，不肯接受。不久，沈戎迁到余不乡，在此安家。后来，朝廷索性封他为述善侯。沈戎去世后，葬在金鹅山。自晋、宋、齐、梁诸朝以下，余不乡境内的沈姓人家，都

---

① 陈浑传略，乾隆《杭州府志》卷一百十六《名宦》记述稍详，而民国《余杭县志》卷二十一《名宦传》尤为尽致："陈浑，熹平元年为余杭令，多惠政。其治水利，迁城堭，功尤大。县有苕溪，自天目万山发源，洪潦岁一再至，势甚奔涌，溪小不能容，则泛滥横溢，漂没田庐，邑被其灾，且冲激害及邻县。浑至，度地形，于溪南辟上下两湖，即湖之西北凿石门，导溪流入湖，以分杀其势。又延袤筑湖塘三十里余，俾水暂有所潴，然后安徐出滚壩，不至怒驰。乃于沿溪一带，增置陡门、塘堰数十余处，俾蓄泄以时，旱涝无患。民至今利赖之。初，邑城在溪南，南渠河，东通会，省舟楫往来，虽便而地平衍，形势控扼不足。及浑得请于朝，遂改置于溪北，背观国，山列障，面临苕溪，环抱如玦，筑城浚濠，卫民固圉，屹然为郡西重地焉。后唐及元，再徙溪南，未几，竟复原址，如陈公旧，即今县治也。识者以浑所建，为百世不易云，泽垂永远，邑人祠祀之南湖塘，以当时勤力有劳者段主簿、郎典案配食。唐长兴五年，封卫灵王。"

81

是沈戎的后代。①

见于康熙《德清县志》卷七《名业》

沈 仪

沈仪，从小志向远大，行止超群。沈仪九岁的时候，父亲去世，当时，沈仪的哥哥沈瑜也才十岁。兄弟俩为父亲守丧，异常悲伤，毁损身体，瘦弱不堪。他们的外祖父是当时江南名士盛孝章。盛孝章对沈仪、沈瑜兄弟说："你们两个内心笃实，性行俱佳，通达事理，终究有一天会成为天下奇才。为什么不养护好本性，渐修德行，执意要在服丧一节超逾礼制呢？如此悲伤无度，终究销毁形骸，自取灭亡。"因为守丧期间过于悲戚，沈瑜终于一命呜呼，英年早折。沈仪后来博学多艺，精研儒术，有雄才之称。汉末大乱，沈仪守道不渝，韬光避尘。州郡以礼聘请，朝廷公府接连征辟，但是沈仪坚决辞让，不愿出仕。当时的人认为沈仪有徐穉、管宁之风。②

见于康熙《德清县志》卷七《高隐》

---

① 沈约《宋书》卷一百《列传第六十·自序》载有沈戎传略："(沈)靖子戎，字威卿，仕州为从事，说降剧贼尹良。汉光武嘉其功，封为海昏县侯，辞不受。因避地徙居会稽乌程县之余不乡，遂世家焉。"道光《武康县志》卷十一《建置志五·寺观》载"皇觉教寺"，有关沈戎行迹："皇觉教寺，在县东北十五里凤凰山，后汉述善侯沈戎故宅。宋元嘉三年，戎后裔怀文、演之、庆之等表请以始祖宅为寺。文帝以述善侯有功于世，人怀其德，赐名怀德。"

② 沈约《宋书》卷一百《列传第六十·自序》载有沈仪兄弟传略："(沈直)子仪，字仲则，少有至行，兄瑜十岁，仪九岁而父亡，居丧过礼，毁瘠过于成人。外祖会稽盛孝章，汉末名士也，深加忧伤，每抚慰之，曰：'汝并黄中冲爽，终成奇器，何为逾制，自取殄灭邪！'三年礼毕，殆至灭性，故兄弟并以孝著。瑜早卒。仪笃学有雄才，以儒素自业。时海内大乱，兵革并起，经术道弛，士少全行，而仪淳深隐默，守道不移，风操贞整，不妄交纳，唯与族子仲山、叔山及吴郡陆公纪友善。州郡礼请，二府交辟，公车征，并不屈，以寿终。"

蓟子训

蓟子训，王俭《姓系》说他是汉朝人，从小就修炼得道，隐居在吴郡的余不乡。到吴郡不久，蓟子训就去世了，葬在乌程县的胡跌山。《后汉书》有蓟子训的传，提到他很多神奇的地方。建安时期，有一位年过百岁的老翁说自己还是儿童的时候，就曾经在会稽集市上看到蓟子训卖药。据老翁说，蓟子训那时的容颜跟如今所见，毫无差别。但是《后汉书》并没有交代蓟子训最后的结局是怎样的。①

见于康熙《德清县志》卷七《方伎》

康熙《临海县志》

黄 他

黄他，章安县的低级官吏。黄他曾经以血肉之躯，抵挡敌人

---

① 蓟子训本传见于范晔《后汉书》卷八十二《方术列传》，徐象梅《两浙名贤外录》卷一《玄玄·蓟子训》曾概括范书所载，编为一传："蓟子训，不知其何许人。建安中，客济阴宛句，已驾驴车至许，公卿以下候之者，坐上恒数百人，皆为设酒脯，终日不匮，寻即遁去。去之日，惟见白云腾起，从旦至暮，如是数十处。时有百岁翁，说童儿时见子训卖药于会稽市，颜色不异于今。后人复于长安东霸城见之，与一老公共摩挲铜人，相谓曰：'适见铸此，已近五百岁矣。'顾视见人而去，犹驾昔所乘驴车也。见者呼之曰：'蓟先生小住并行！'应之，视若迟徐，而走马不及。"

的刀刃,成功解救了官长。①

见于康熙《临海县志》卷七《忠义传》

邓卢叙

邓卢叙,章安县的处士。邓卢叙的弟弟曾经违反王法,为了解救弟弟,邓卢叙自杀,代替其弟接受惩罚。②

见于康熙《临海县志》卷八《孝友传》

高　察

高察,曾经隐居在天台山上,自己建造居室,读书度日。当时人对他恬淡的风格非常钦慕,把他隐居的那座山叫做察岭。高察书房的遗址,今天依然保存完好,立于佛陇的北面。③

见于康熙《临海县志》卷九《隐逸传》

---

① 陈耆卿《赤城志》卷三十二《人物门·仕进》列黄他于"吴":"黄他,为章安小吏,身当白刃,济君于难。见《吴志》。"康熙《临海县志》列黄他于屈晃、张悌之间,并属"三国吴"。而光绪《黄岩县志》卷十九列黄他于"后汉",民国《台州府志》卷一百十一《忠义传》亦列于"后汉",与屈晃隶属"吴"不同。

② 陈耆卿《赤城志》卷三十二《人物门·遗逸》列邓卢叙于"吴","邓卢叙,居章安,弟犯公宪,自杀乞代"。康熙《临海县志》列邓卢叙于"吴",后于"汉"之高察。而光绪《黄岩县志》卷十九列邓卢叙于"后汉",民国《台州府志》卷一百十四《孝友传》亦列于"后汉"。

③ 陈耆卿《赤城志》卷三十二《人物门·遗逸》载有高察,"高察,隐居天台佛陇之北,今所谓察岭是也"。民国《台州府志》卷一百二十一《隐逸》于高察隐居之所,描述更详:"高察居天台,佛陇之北,白沙之西,有坡陀小岭,今所谓察岭是也。"

闾邱逸民

　　闾邱逸民，真实的姓名已经无从知晓。其人隐居在百步溪边上，整天待在居室，丝毫不感到烦闷抑郁，一副闲适欢悦的样子。今天，这个地方已经叫做闾邱。

见于康熙《临海县志》卷九《隐逸传》

乾隆《乌程县志》

严 䜣

　　严䜣，字少通，研究《严氏春秋》冯君章句。严䜣曾任乌程县县长，被举荐孝廉，迁为东牟侯相。严䜣前后治理将近十县，皆有政绩。①

见于乾隆《乌程县志》卷五《名宦》

---

　　① 严䜣行迹不见史传记载，赵明诚《金石录》卷十四记《汉祝长严䜣碑》，同治《湖州府志》卷六十三《名宦录·严䜣》依此云："严䜣，字少通，治《严氏春秋》冯君章句，为乌程长。后为丹阳丞，举孝廉。迁祝长，所在若神。"洪适《隶续》卷二有《严䜣碑》，民国《台州府志》卷九十六《名宦传·严䜣》本之曰："严䜣，字少通，会稽人，治《严氏春秋》冯君章句。体性慈仁，忠公清白，好善博爱，文武兼备。守乌程、毗陵、余暨、章安、山阴长，所在若神。宣布政教，贫细随附，贤士敦名。和平元年卒，年六十九。"

费 汎

费汎,字仲虑,祖先避祸,迁到乌程,从此定居。费汎在举为孝廉之后,担任郎中和屯骑司马。后来,官至萧县县令,在任期间,惠爱百姓,不崇尚严刑峻法。费汎任萧县县令九年,社会清静,百姓安生。蝗虫成灾,萧县甚至也能幸免于难。朝廷对费汎的治政较为满意,拜他为梁相。因为有病,费汎离位。去世的时候,费汎年已八十。[①]

见于乾隆《乌程县志》卷五《人物》

费 凤

费凤,字伯箫,梁相费汎之子。汉顺帝汉安二年,吴郡太守举荐费凤为孝廉,任郎中,迁陈国新平县县长,政教风行,民众向化。丹阳故地原来有越人为寇,费凤率兵征讨,平定了骚乱,迁为故鄣县县长。费凤后来担任堂邑县令,移风易俗,政绩卓著。[②]

见于乾隆《乌程县志》卷五《人物》

---

① 费汎事迹初见于洪适《隶释》卷十一《梁相费汎碑》。

② 洪适《隶释》卷九载有《堂邑令费凤碑》与《费凤别碑》,同治《湖州府志》卷七十一《政绩·费凤》本之云:"费凤,字伯箫,修孝友,立迹州郡,仕更右职,举直措枉,贡孝三署。汉安二年,吴郡太守东海郭君以凤有节操,举孝廉,拜郎中,除陈国新平长,惠下而治以静,功成事就。会丹阳有越寇,命凤讨理之,试守故鄣。鄣土不庭,嚣民作虐,爰止其师旅,强者绥以德,弱者抚以仁。从善迁恶,三期致道,有耻且格。牧守旌功,转左堂邑,期月致道。熹平六年卒。"

沈酆

沈酆,曾为零陵太守。沈酆为政,以仁爱为本,不喜杀伐。沈酆虽然掌握刑罚,却注重教化,劝诱迁善改恶。处理案件时,沈酆宁愿过而轻,不愿过而重。嫌疑不决时,绝少置人于罪,但是一旦决断,必定证验确凿,罪人折服,无需严刑逼供。如果属吏有知法犯法者,沈酆往往顾惜他们颜面,不愿意暴露发扬,断送他们的前程。下属若有奇谋异略,沈酆又不吝惜溢美之辞,常常贬低自己,抬高他们。"太守我也比不上啊!"他为政就是这样的宽容长厚。沈酆任零陵太守一年,境内的山林就有甘露降落,堂前有瑞芝生出。[①]

见于乾隆《乌程县志》卷五《人物》

沈 景

沈景,顺帝时曾任侍御史。沈景据正立朝,不畏强权,能力出众,因此被提拔为河间王相。沈景就职,拜见封王,可是河间王却不遵守礼节,像簸箕一样伸开双腿,傲慢地坐在殿堂上。沈景进殿,旁边有侍从人员大声唱出晋见礼仪,可是沈景不对河间王行

①《东观汉记》卷二十一载沈酆传略,乾隆《乌程县志》本之。同治《湖州府志》卷七十一《政绩·沈豐》叙述增详,采择更广:"沈豐,字圣通,为郡主簿。太守第五伦母老,不能之官。伦每至腊节,常感恋垂泣,遣豐迎母广陵。母见大江,畏水,不敢渡。豐祭神,令子孙对母饮酒,醉卧便渡。后为零陵太守,为政慎刑重杀,罪法辞讼,初不历狱,嫌疑不决。一断于口,鞭杖不举,市无刑戮。僚友有过,初不暴扬,有奇谋异略,辄为谈述,曰太守不及也。到官一年,甘露降,瑞芝生。豐使功曹赍芝以闻,皇帝悦怿,告示天下。"

礼,却问:"王在哪里?"禁卫武士对沈景说:"坐在殿上面不就是大王吗?"沈景说:"侯王不穿王服,不行王仪,与常人有什么区别呢?今天我作为辅相,要拜见的是王,不是不守礼仪的鄙俗之辈。"听到这里,河间王大为惭愧,于是他改换朝服,重新行礼接见。沈景出殿之后,把河间王的师傅叫来,痛加斥责:"当初朝廷派你们来河间任职,就是考虑到河间王骄纵无度,希望你们能够尽到约束督检的责任。但是你们对河间王一味放任自流,不加训导,空受俸禄,辜负朝廷的期望。"沈景于是抓捕奸人,判定罪责,同时赦免无辜,洗刷冤案。河间王从此痛改前非,折节谨慎。[①]

见于乾隆《乌程县志》卷五《人物》

乾隆《温州府志》

蔡敬则

蔡敬则,安固人,从小品格突出,志节超群。[②]汉灵帝光和年间,蔡敬则被举为孝廉,担任南阳县令。不久,他便弃官归家。汉

---

① 范晔《后汉书》卷五十五《河间孝王开传》载有沈景事迹,同治《湖州府志》卷六十四《人物传·沈景》本之,而增以谢承《后汉书》与《宋书》沈约自序:"沈景,字孟高,乌程人,顺帝时侍御史。河间王(刘)政傲很,不奉法宪,帝以景有强能称,擢为河间相。到国谒王,王不正服,箕踞殿上。侍郎赞拜,景峙不为礼。问王所在,虎贲曰:'是非王邪?'景曰:'王不服,常人何别!今相谒王,岂谒无礼者邪!'王惭而更服,景然后拜。出住宫门外,请王傅责之曰:'前发京师,陛下见受诏,以王不恭,使相检督。诸君空受爵禄,而无训导之义。'因捕诸奸人上案其罪,出冤狱百余人。王遂为改节,悔过自修。拜二千石,妻子不履官舍,五日一炊,尝食干糒。"

② 安固,汉代尚未立县。依齐召南等考证,其地当时隶属永宁县。

献帝建安中叶,蔡敬则发起义兵,抵御贼寇,功绩突出,被任命为东部都尉。他在都尉任上,治军明肃,百姓安生,进封安乡侯。三国纷争,江东之地全归东吴所有,蔡敬则解散义兵,回乡务农,闲散自处。当时乡邑有老虎出来为害,他组织男丁,打虎除患。蔡敬则死后,乡里百姓为他立祠祭祀。

见于乾隆《温州府志》卷二十《循吏》

乾隆《绍兴府志》

王 朗

王朗,字景兴,东海郡人。当时汉献帝在长安,关东起义兵,王朗劝说徐州刺史陶谦派遣使者前去朝见皇帝,通过勤王谋求诸侯之位。陶谦照办,汉献帝非常高兴,任命王朗为会稽太守。长期以来,会稽郡的百姓喜欢把秦始皇的木像和夏禹放到一块,供在神庙。王朗任会稽太守以后,认为嬴政乃是无德的君王,不宜与夏禹共享盛祀,消耗民财,所以把秦始皇的木主去掉。王朗任会稽太守共有四年,造福当地,关爱百姓。

孙策渡过长江,攻占土地。王朗认为自己既然是汉朝官吏,理应保守城邑,于是发兵与孙策作战。王朗战败,从海道逃到东治。[①] 孙策追击,王朗再败,只得拜见孙策。孙策因为王朗风度儒雅,只是诘问了一番,并没有加害于他。虽然自己陷于颠沛流离的境地,朝不保夕,但是王朗还是不断接收、抚恤亲戚故旧,分多割少,实践仁义。曹操上表,征召王朗。历经一年多的奔波,辗转

---

① 依《三国志》,当为"冶"。

江海,王朗最后还是安全到达京城。^① 王朗的儿子王肃即生于会稽。

见于乾隆《绍兴府志》卷四十一《名宦》

蒋　钦

蒋钦,字公奕,九江郡寿春人。孙策任命蒋钦为会稽西部都尉。会稽、东冶一带的贼寇吕合、秦狼等人作乱,蒋钦率军讨伐,最后活捉了吕合、秦狼,五县之乱得以平定。^②

见于乾隆《绍兴府志》卷四十一《名宦》

淳于式

淳于式,生卒年代不详,建安中叶,孙权曾上表举荐他为会稽太守。^③ 当时,丹阳贼首费栈接受了曹操的印绶,煽动山越乡民,作为曹操的内应。孙权派陆逊前去讨伐。陆逊多设将旗,分置战鼓,趁夜色潜入山谷,然后擂鼓呐喊,一起突进,费栈的贼兵顿时破散而逃。陆逊整编贼众,强壮的选入部伍,羸弱的补入民户。通过这种方式,陆逊取得数万精悍的兵士。然而,会稽太守淳于式此时却上表攻击陆逊,说他非法掳掠百姓,骚扰地方。陆逊后

---

① 志文作"太祖表征之"。

② 万历《绍兴府志》作"治贼吕合、秦狼等为乱",乾隆《绍兴府志》作"冶贼吕合、秦狼等为乱",《三国志·蒋钦传》作"会稽冶贼吕合、秦狼等为乱",一本作"会稽治贼吕合、秦狼等为乱"。卢弼有一考案,"宋本治作冶,何焯云即东冶贼也,弼按:互见《吕岱传》作东冶",见《三国志集解》,中华书局1982年版第1026页。

③ 严耕望《两汉太守刺史表》曰:"淳于式,建安二十四年前某时见在任(任会稽太守)。"第215页。

来到京城，言谈之间，称赞淳于式是个好官。孙权问陆逊："淳于式告你的状，为什么你反而举荐他？"陆逊回答："淳于式举报我，其用意在于保养民力。"

见于乾隆《绍兴府志》卷四十一《名宦》

顾　雍

顾雍，字元叹，吴郡人。顾雍曾任上虞县长，颇有政绩。孙权兼任会稽太守时，没有到郡治所在地，而是任用顾雍为郡丞，代理太守掌事。顾雍在郡讨灭寇贼，安定秩序，官吏和百姓都归服于他。①

见于乾隆《绍兴府志》卷四十一《名宦上》

王　闳

王闳，字选公，无锡人。② 光武帝建武初年，王闳担任山阴县令。王闳居官，不发私书，不交豪杰，公堂闲静。当时的人称王闳为"王独坐"。

见于乾隆《绍兴府志》卷四十一《名宦》

度　尚

度尚，字博平，山阳湖陆人。汉桓帝元嘉初年，度尚担任上虞

---

① 纵观顾雍生平仕宦，主体在三国时期，然其任上虞长与摄行会稽太守事皆在孙权称尊号之前，故采《绍兴府志》，节取于此。

② 《嘉庆山阴县志》卷十二《人民志第二》"王闳"作"王关"。

县长。度尚治政,明辨真伪,严刑峻法,常常被属吏和百姓誉为"神明"。后来,度尚担任荆州刺史,封为右乡侯,转任桂阳太守。[①]在五十岁的时候,度尚死于辽东太守任上。[②]

见于乾隆《绍兴府志》卷四十一《名宦》

孙 豹

　　孙豹,会稽人。汉武帝晚年,孙幸担任珠崖太守,因为征调广幅的布帛,招致当地蛮人的怨恨。于是蛮人发起暴动,攻掠郡府,杀害官吏,孙幸本人在动乱中丧生。孙幸就是孙豹的父亲。孙豹在父亲死后,迅速组织力量,集结不愿对抗朝廷的"善人",对参与暴动的蛮人进行打击。很快,动乱遭到镇压。为了稳定局面,孙豹决定暂时代理太守执掌权力,继续扫荡制造动乱的残余势力。与此同时,孙豹派遣使者将珠崖太守的印绶封好,送往朝廷,并且详细汇报了动乱的始末。得知情况,朝廷正式任命孙豹为珠崖太守,就地上任。此后,珠崖地区的赋税、贡献按时上缴,社会稳定有序。范晔用八个字概括孙豹的政绩,"威政大行,献命时至"。[③]

见于乾隆《绍兴府志》卷四十四《乡贤》

---

　　① 依《后汉书·度尚传》,延熹五年,度尚得尚书朱穆举荐,任荆州刺史。"尚出兵三年,群寇悉定。(延熹)七年,封右乡侯,迁桂阳太守。明年,征还京师。……尚后为辽东太守,……延熹九年,卒于官。"
　　② 度尚任上虞长之情形,谢承《后汉书》曾有记载:"尚为吏清洁,有文武才略,为上虞长。敬善爱人,坐以待旦,擢门下书佐朱俊,恒叹述之,以为有不凡之操。俊后官车骑将军,远近奇尚有知人之鉴。"
　　③《后汉书》卷八十六《南蛮西南夷传》。

贺 纯

贺纯,字仲真,会稽郡山阴人。贺纯年少时在县府求学,博览群书,术业精通。[①] 由于声名在外,公府连续十次征召他为官,地方官府三次将他作为贤良推举到朝廷,朝廷五次征他为博士,但是贺纯都没有应征。最后,皇帝下诏,让他担任议郎。在这个掌管言议的职位上,贺纯多次向皇帝建议要改善政治,厌服妖祥。贺纯在上疏中提到有益朝政的举措,达数百事之多,这些建议大多被采纳实施。后来,贺纯升迁江夏太守。

见于乾隆《绍兴府志》卷四十四《乡贤》

虞 国

虞国,会稽郡余姚人。虞国年少时就以孝行著名,担任过日南太守。虞国治政,以教化为主,不尚酷烈。在他身上发生过一件很奇特的事情,一对大雁经常栖息在他办事的厅堂,每天如此,从不间断。每当虞国到辖县巡查时,那对大雁就跟着车子飞。后来,虞国在日南太守任上去世,双雁一直护送他的灵柩回到余姚故里。它们在虞国安葬的墓地栖息,再不离开。至今,那个地方还叫做双雁。虞国有个曾孙叫虞歆,后来也任日南太守,世人称他为小虞。[②]

见于乾隆《绍兴府志》卷四十四《乡贤》

---

① 范晔《后汉书》卷六十三《李固传》李贤《注》引谢承《后汉书》:"纯字仲真,会稽山阴人,少为诸生,博极群艺。十辟公府,三举贤良方正,五征博士,四公车征,皆不就。后征拜议郎,数陈灾异,上便宜数百事,多见省纳,迁江夏太守。"

② 关于虞歆,光绪《慈溪县志》有一按语,"按《虞翻别传》,歆为翻之父"。《虞翻别传》见引于《三国志·吴志·虞翻传》裴松之《注》。

盛 宪

盛宪,字孝章,会稽郡人。盛宪当时名望较高,被举荐为孝廉,任尚书郎,后来又升迁为吴郡太守。[1] 因为生病,辞官不做。孙策平定吴会地区,对久负众望的豪门大族,采取两手策略。依附者厚加安抚,背离者杀戮清除。盛宪向来高名在外,深得倾戴,孙策对他非常顾忌,时刻提防。少府孔融与盛宪有交情,担心他在孙策治下遭遇不测,于是跟曹操专门写了一封信,请求曹操出手援救。曹操应允,以皇帝的诏命任盛宪为骑都尉,到京城任职。但是曹操的任命还没有到,盛宪已经被孙权杀害。盛宪的儿子盛巨投奔曹魏,后来,官至征东司马。

见于乾隆《绍兴府志》卷四十四《乡贤》

澹台敬伯

澹台敬伯,会稽人,东汉初年诗学大师薛汉的弟子。[2] 澹台敬伯跟随薛汉学习《韩诗》,与杜抚齐名,同为薛氏最知名的弟子。[3]

见于乾隆《绍兴府志》卷五十三《儒林》

---

[1] 盛宪任吴郡太守,在"灵献之际",见严耕望《两汉太守刺史表》第216页。

[2] 依范晔《后汉书》卷七十九下《儒林传·薛汉》,薛汉主要活动于建武、永平年间,后死于楚王之狱。

[3] 李慈铭《越缦堂日记》于"乾隆《绍兴府志》"一条,多作批判,其中涉及澹台敬伯:"终日点改李《志》(《绍兴府志》)人物,其踳驳不胜诘,约其大病有四:……四曰考核多疏,……于儒林补入澹台敬伯,不知敬伯为吴人,今苏州尚有澹台湖,此采《后汉书·儒林传》而失者也。"上海古籍出版社2000年版,第510页。

顾　奉

顾奉,会稽人,东汉经学大师程曾的弟子。顾奉跟程曾学习《严氏春秋》。[①]

见于乾隆《绍兴府志》卷五十三《儒林》

杨　威

杨威,会稽郡上虞人。杨威从小失去父亲,侍奉母亲非常孝顺。有一次,杨威与母亲一起进山打柴,不巧碰到老虎。[②] 老虎来势汹汹,杨威估计难以抗衡。情急之下,他抱起母亲,一边疾走,一边呼号。谁知,老虎竟然趴在地上,低下耳朵,停止追击。人们觉得非常奇怪,认为可能是精诚之至,感动猛兽。[③]

见于乾隆《绍兴府志》卷五十八《孝行》

---

① 顾奉求学,可参范晔《后汉书》卷七十九下《儒林列传·程曾》:“程曾字秀升,豫章南昌人也。受业长安,习《严氏春秋》,积十余年,还家讲授。会稽顾奉等数百人常居门下。”

② 自《水经注》以至历代方志,皆作“入山采薪”,然王国维《宋刊本水经注残本跋》与陈桥驿《王国维与水经注》(《中华文史论丛》1989 年第二辑)却以为当为“入山采旅”,是野生食物,需要辨别是否可食,而不需太大劳动量。

③ 方志关于杨威的记载来自《水经注》卷四十《浙江水》:“江水东迳上虞县南,王莽之会稽也。……县东北上亦有孝子杨威母墓。威少失父,事母至孝,常与母入山采薪,为虎所逼,自计不能御,于是抱母,且号且行,虎见其情,遂弭耳而去。自非诚贯精微,孰能理感于英兽矣。”

顾 翱

顾翱,会稽人,从小失去父亲,侍奉母亲非常孝顺。母亲喜欢吃雕胡饭,顾翱就经常带着子女去采摘。后来,他疏导水源,自己种植。种植所得除用于供养,还有部分积蓄。顾翱的家离太湖很近,湖中后来自生雕胡,不长杂草,虫和鸟也不敢来打扰。从此,顾母吃雕胡饭就变得更为容易。鉴于顾翱的孝行,郡县对其门闾住处予以表彰。[①]

见于乾隆《绍兴府志》卷五十八《孝行》

包 全

包全,上虞人,尽心赡养父母,非常孝顺,远近知名。包全居住的地方叫做孝闻岭。[②]

见于乾隆《绍兴府志》卷五十八《孝行》

陈 嚣

陈嚣,会稽郡山阴人。陈嚣跟纪伯是邻居,纪伯暗中侵占陈嚣的土地。陈嚣不但不与他计较,反而主动避让,让出更多的土

---

① 乾隆《绍兴府志》关于顾翱的记载来自葛洪辑《西京杂记》卷五:"会稽人顾翱少失父,事母至孝,母好食雕胡饭,常帅子女,躬自采撷,还家导水凿川,自种供养,每有赢储。家亦近太湖,湖中后自生雕胡,无复余草,虫鸟不敢至焉,遂得以养,郡县表其闾舍 。"

② 光绪《上虞县志》卷六《人物·孝子杨威》传末有一考证,以为乾隆《绍兴府志》增列包全,实为失误。"今考正统、万历、康熙三志,孝义传均无包全,且《后汉书·孟尝传》载孝妇事,不言包氏。正统志始云包全女,万历志始有因以所居称孝闻岭之说,府志误以孝妇事属包全"。

地给纪伯。陈嚣与世无争的人生风格，让纪伯感到惭愧，于是他归还自己侵占的那些土地。谁知，陈嚣不肯接受。两人谁也不纳为己有，后来就慢慢变成了大路。汉成帝鸿嘉年间，会稽太守周君在这条大路上立石，刻"义里"二字，表示对重义轻利行为的表彰。虞翻曾经非常推崇陈嚣的为人，说他从事打鱼，可以使人民不妄相偷盗；退处乡村，可以感化刁民，使得他们知道廉耻，杜绝强占和侵凌。"义里"由此而形成，至今仍有叫做"让簪街"的地方。

见于乾隆《绍兴府志》卷六十《义行》

梅　福

梅福，字子真，九江寿春人。年少时在长安求学，研习《尚书》、《穀梁春秋》，颇有造诣，为郡文学，担任南昌县尉。梅福多次上书，希望能够得到皇帝召见，有机会详细展陈政见，但是始终没能如愿成行。汉成帝时期，外戚王氏权倾朝野，专横跋扈。当时，天下灾变频发，民怨四起，在朝的大臣，都不敢直言王氏专权。梅福虽然忧国忧民，用心赤诚，但是以一个县尉的低微身份，抨击朝政，讽刺外戚，结果只能是"终不见纳"，甚至险遭杀身之祸。

梅福在家，以读书养性为主要生活方式。元始年间，王莽专政，梅福抛弃家室，离开九江，遁形而去。当时传言，梅福变成了神仙。后来，有人在会稽之地碰到梅福，可是他已经变改姓名，以吴市的守门小吏作为身份。①

见于乾隆《绍兴府志》卷六十三《寓贤》

---

① 《嘉泰会稽志》卷十五《神仙·汉·梅福》在记梅福传略之后，尚载有与其相关的地名："今山阴之地有山曰梅山，有乡曰梅乡，有里曰梅里。《图经》载《会稽志》云吴市门即此也。"梅圣俞《读〈汉书·梅子真传〉》则有诗意的描述："九江传神仙，会稽隐廛闲。旧市越溪阴，家山镜湖畔。"

吴羌

吴羌,汉平帝时期,隐居山间,躬自耕作。吴羌对于世间富贵,无所仰慕。王莽居摄,天下大乱,吴羌携妻抱子,跟随梅福到东南沿海之地隐居。他们先是在吴门隐居,后来徙至乌程县余不乡。后人因此把他隐居的这个地方,叫做吴羌山。①

见于乾隆《绍兴府志》卷六十三《寓贤》

王 望

王望,字慈卿,琅琊人,曾经在会稽地区讲学。后来,征拜议郎,迁为青州刺史,威名远扬。当时旱灾严重,百姓颗粒无收,赤贫的人们无衣无褐,不得不裸体奔走,饥饿难耐,不得不以草为食。王望看在眼里,痛在心上。于是,他自作主张,将辖区官仓里的粮食布帛充作救灾物资,给生活在水深火热的百姓送去衣服和口粮。事后,王望上书将自己的所作所为向朝廷汇报。汉明帝认为王望没有得到朝廷许可就擅作主张,事关重要,让朝廷百官参与讨论。大多数朝臣主张依法纠治王望擅为之罪。钟离意却认为王望此举并非目无王法,而是心怀大义,忧心苍生,不顾一己安危,当仁不让。这种行为如果得不到嘉奖,反而遭到惩罚,那么将违背圣朝所推尚的爱育之德。汉明帝听了钟离意的建议,决定敕

---

① 康熙《德清县志》载吴羌卜居较详,可供参考:"吴羌,不知何郡人也。汉平帝时隐居耕作,于世无慕。王莽末,海内大乱,贤者皆洁身远去,羌携妻子东徙于会稽之余不乡。以溪南山川纡郁,因避处焉,时称高士,后人名其所居山曰吴羌。"

免王望之罪,不加追究。①

见于乾隆《绍兴府志》卷六十三《寓贤》

袁 忠

　　袁忠,字正甫,汝阳人,袁安的玄孙。袁忠跟同郡的范滂是志同道合的好友,党锢之祸发生,他们同时被收入狱,后来又一起被释放。汉献帝初平年间,袁忠担任沛相。他非常低调,独自乘坐一辆简陋的柴车,赶往任职之地。袁忠居官,清廉忠正。

　　东汉末年,天下大乱,袁忠弃官不做,来到上虞县隐居。会稽太守王朗每次外出都要带很多随从,装饰奢丽。袁忠见他如此讲究排场,心里感到厌恶,于是以病为由,与王朗疏远隔绝。② 后来孙策攻破会稽,袁忠就从海路奔往交趾。汉献帝征他担任卫尉,可是袁忠还没有赶到京师,就在路上去世了。

　　袁忠的儿子袁秘曾为汝南郡门下议生,与太守赵谦一道,奉命扫平黄巾贼,英勇战死,皇帝下诏表彰他的家族。与袁秘同时战死的尚有封观等七人,时人号为"七贤"。③

见于乾隆《绍兴府志》卷六十三《寓贤》

---

　　① 王望事迹附见于《后汉书》卷三十九《刘平传》,中有钟离意荐达三人之事,有助于考明王望仕履,"显宗初,尚书仆射钟离意上书荐(刘)平及琅琊王望、东莱王扶曰:'臣窃见琅琊王望、楚国刘旷(即刘平)、东莱王扶,皆年七十,执性恬淡。所居之处,邑里化之。修身行义,应在朝次。臣诚不足知人,窃慕推士进贤之义。'书奏,有诏征平等,特赐办装钱。至皆拜议郎,并数引见"。

　　② 袁忠事迹附于范晔《后汉书》卷四十五《袁安传》,李贤《注》引谢承《后汉书》补充其见王朗细节:"(袁)忠乘船载笠盖诣朗,见朗左右僮从,皆着青绛采衣,非其奢丽,即辞疾而退也。"

　　③ 袁秘事迹附于袁忠之后,李贤《注》引谢承《后汉书》,补充"七贤"详情:"(袁)秘字永宁,封观与主簿陈瑞、门下督范仲礼、贼曹刘伟德、主记史丁子嗣、记室史张仲然、议生袁秘等七人,擢刃突阵,与战并死也。"

陆瑁

陆瑁,字仲芳,毗陵人。研习《京氏易》与《尚书》,精于风角与星算。曾经担任主簿一职,但是上任仅十余日,就以病为由,辞去职任。从此,隐居在会稽之地。①

见于乾隆《绍兴府志》卷六十三《寓贤》

蔡 邕

蔡邕,字伯喈,陈留人。汉灵帝时,蔡邕担任议郎。在一次秘密上书中,他冒犯了当时得势的中常侍。蔡邕跟家属都遭到迫害,处以髡刑,远徙朔方。赶上皇帝大赦天下,所以回到故里。中常侍王甫的弟弟王智担任五原首长,听说蔡邕被赦回家,特地设酒饯行。酒醉饭饱,王智起身舞剑,邀蔡邕共舞,但是蔡邕没有起应。王智看出来蔡邕不屑与自己为伍,十分懊恼。所以他又向朝廷打报告,诋毁蔡邕。蔡邕觉得天罗地网,无处容身,只好亡命江海,远远逃到吴会之地,隐居避难。②

见于乾隆《绍兴府志》卷六十三《寓贤》

---

① 乾隆《绍兴府志》所载陆瑁事迹出于《江南通志》卷一百六十八《人物志·隐逸》。

② 蔡邕事迹详见于范晔《后汉书》卷六十下本传,裴《注》引张骘《文士传》,补充会稽制笛逸事:"(蔡)邕告吴人曰:'吾昔尝经会稽高迁亭,见屋椽竹东间第十六可以为笛,'取用,果有异声。"伏滔《长笛赋序》云:"柯亭之观,以竹为椽,邕取为笛,奇声独绝。"《两浙名贤录》卷五十三《寓贤·蔡伯喈邕》又曰:"书曹娥碑阴八字云'黄绢幼妇,外孙齑臼',即其时也。"

梁伯鸾

梁伯鸾,曾在霸陵山中隐居,自耕自织,优游度日。后来,又隐到会稽山中。[①]

见于乾隆《绍兴府志》卷六十三《寓贤》

桓　煜

桓煜,字文林,一名严,龙亢人,桓鸾之子,大学者桓荣的五世孙。[②] 桓煜重视砥砺品格,修养志节。桓煜的姑妈是司空杨赐的夫人,桓鸾去世时,姑妈回到娘家,悼念慰问。进屋之前,桓煜的姑妈先在驿舍停驻,待到随从装饰妥当,再行前往哀悼。桓煜见姑妈如此在意排场,没有奔丧的真情实意,非常不满。等到姑妈向他表示安慰时,他只是号哭,不愿意与她交流。杨赐让人从官

---

① 梁伯鸾即后汉逸民梁鸿,见于范晔《后汉书》卷八十三《逸民列传》。明天启《舟山志》将梁鸿列于"流寓"一门,"梁鸿,字伯鸾,河内平陵人。避乱于东霍内之第三山,与马墓山并峙。旧说伯鸾尝携妻子于兹"。清代朱绪曾《昌国典咏》曾有疑辨:"宋元古志无此山(梁鸿山)。《后汉书·梁鸿传》:'至吴,依大家皋伯通,……求葬地于吴要离冢傍。……葬毕,妻子归扶风。'庾子山文'梁鸿埋于会稽'(《周车骑大将军贺娄公神道碑》作'梁鸿死于会稽'),李太白诗'梁鸿入会稽'(《口号赠征君鸿》)。考班书《地理志》:会稽郡,秦置,高帝十二年更名吴郡,领县二十六,吴居首。司马彪《郡国志》:会稽郡本治吴,顺帝分会稽,置吴郡,乃移会稽于山阴。庾文李诗所云会稽仍指吴也。鸿适吴,将行作诗,虽有'求鲁连兮海隅'之语,然实无入海事。至葬要离冢侧,古无异说。东岙墓碣,殆出附会。"朱绪曾之疑辨虽为《舟山志》、《定海县志》而发,亦有裨于正视乾隆《绍兴府志》。

② 范晔《后汉书》作"桓晔",《东观汉记》作"桓俨"。

府仓库取拿祭祀用品,送到桓煜家里,但是桓煜看不惯这种行为,不予接受。从此以后,他每一次到京城,都不肯止宿杨府。受到桓煜影响,身边的宾客随从也都重视为人修养的问题,非所当得,哪怕是一餐饭也不妄受。桓煜曾经担任郡功曹,先是被举为孝廉,后来又被举荐有道、方正、茂才。三公府同时征召桓煜进京任职,他没有应征。

汉献帝初平中叶,天下大乱,桓煜到会稽境内避祸,住在山阴县已故鲁相钟离意的屋舍里面。太守王朗送来食粮、布帛和牛羊,但是他概不接受。等到桓煜离开钟离意故舍时,他将屋中物件一一列表,原样奉还,毫厘不爽。后来,他转到扬州从事屈豫家中居住。此屋庭院当中长有一颗橘树,每当橘子成熟,桓煜都在树的周围树立藩篱,避免瓜田李下的嫌疑。有一次,两只熟透了的橘子被风吹到篱笆外面,桓煜用绳子将其系起,挂在树上。桓煜重视品节修养,始终不曾妄受一丝一毫,特别是在危急存亡的时候,他的操守更加贞固。会稽郡的百姓受到他的感染,少有妄取争夺,乡间闾蔼然和睦。

见于乾隆《绍兴府志》卷六十三《寓贤》

孔 潜

孔潜,是圣人孔子的十七代孙,汉朝末年曾经担任太子太傅。后来,孔潜到会稽郡地避乱。子孙传衍,世世代代,于是孔氏终成会稽山阴人氏。[①] 孔道隆、孔凯都是孔潜的后代。

见于乾隆《绍兴府志》卷六十三《寓贤》

---

① 孔潜事略见于房玄龄等《晋书》卷七十八《孔愉传》,"孔愉,字敬康,会稽山阴人也。其先世居梁国。曾祖潜,太子少傅,汉末避地会稽,因家焉"。

同治《长兴县志》

钱　让

　　钱让,字德高,是彭祖的五十代孙。当时,吴郡太守薛固被执法官吏陷害,收付廷尉监狱。钱让带着同郡娄县的卞崇前往朝廷,为薛固鸣冤。廷尉将钱让等人囚禁起来,派兵士看押,严刑拷打,苦痛备至。但是钱让坦然自若,面不改色,鸣冤的喊声更加响亮。谁也没料到,这个案件居然惊动了整个朝野,天子对坚毅不屈的钱让另眼相看,下诏赦免薛固之罪。钱让先后担任散骑常侍、广陵太守、镇东大将军,有过都督九江诸军事的经历,此后又迁徐州、兖州刺史,进封富春侯,食邑五千户。钱让在六十二岁时去世,朝廷褒奖他的功德,追赠富春公,赐谥号为哀。天子乘素车,亲临悼念,并且诏令从宫廷抽调兵吏一千人,护卫灵柩,增加威仪。钱让最后葬回故乡,落叶归根。朝廷惋惜不尽,又拿出钱十万、黄金百镒、锦被十张,送给钱让之母赵氏。[①]

见于同治《长兴县志》卷二十三《人物传》

---

　　① 同治《湖州府志》卷七十一《政绩·钱让》明言钱让为乌程人:"钱让,字德高,彭祖五十代孙也,吴郡乌程人。时吴郡太守薛固为法吏所枉,下狱付廷尉,乃携同郡娄卞崇诣阙称冤。廷尉囚让等,以兵围守,苦毒备至。让恬然自若,枉声弥厉。天子闻而奇之,赦固之罪。累迁散骑常侍、广陵太守、镇东大将军、都督九江诸军事,迁徐、兖二州刺史,封富春侯,食邑五千户。卒,年六十二,赠富春公,谥曰哀。天子素车,临吊哀恸,给兵吏一千人,加威仪。还葬本乡,赐钱十万、黄金百镒,锦被十张,与让母赵氏。"

钱　林

钱林,字元茂。汉哀帝建平中叶,钱林担任朝廷的谏议大夫。[1] 元始中叶,王莽开始专权,朝纲错乱,钱林于是来到长兴境内平望乡陂门里隐居。他在梓山东造村,修整道路,疏通河港,使得水陆交通非常畅达。一排排房屋拔地而起,背山面水,规整有致。房屋周围疏桐掩映,翠竹摇曳,松柏苍翠,桂花飘香。溪流园林,远近错落,瑞芝幽兰的香气弥漫其间。在钱林的营造下,这里变成了人间至境,少有功名争夺之气。从此,钱氏后代世世居于这片土地。[2]

见于同治《长兴县志》卷二十六《寓贤》

同治《湖州县志》

邱　腾

邱腾,乌程人。光武初年,邱腾在南阳起义兵。后来官至公卿,食禄二千石。但是邱腾恬淡寡欲,毅然放弃仕宦,退隐田园。

---

① 同治《长兴县志》本作"汉建武中为谏议大夫",误,依谈钥嘉泰《吴兴记》卷十六改。

② 同治《湖州府志》卷九十《人物传·寓贤》载有钱林传略,与《长兴县志》相同:"钱林,字元茂,汉建武中为谏议大夫。元始中,王莽专政,来隐于平望乡陂门里梓山东造村,穿港开陌,俾水陆交通。层屋盖山,高门面水,疏桐映井,密竹临池,松桂传芳,芝兰送馥,洲渚园林,幽远蒙密。林居其中,名利不干,子孙因家焉。"

他在先人坟墓边上,与弟子一起筑建草庐,典籍度日,乐此不疲。①

见于同治《湖州府志》卷七十一《政绩》

许 颐

许颐,故鄣人。许颐的父亲曾经患有重病,医生说:"药方不好使,唯有吃点人肉,才有可能好转。"许颐听罢,从自己大腿上割下两块肉,煮成羹,喂给父亲吃。一个月后,许父之病果然有所好转。当时的刺史周泽将许颐的孝行作为典范,上奏朝廷,对许氏门庭予以表彰。

见于同治《湖州府志》卷七十七《孝义》

沈 震

沈震,字彦威,乌程人。沈震十岁的时候,发生自然灾害,百姓颗粒无收,饥饿难耐。一天夜里,忽然有个人告诉沈震:"你家西篱笆下面埋有粮米五十石,供你们救灾,度过燃眉之急。"沈震遵照指示,果然挖出五十石大米。

见于同治《湖州府志》卷七十七《孝义》

孔氏妇

孔氏妇,家境贫穷。孔氏的丈夫过早去世,留下八个儿子。孔氏白天耕作,夜晚则指导孩子读书,教会他们为人处世的道理。汉哀帝时期,孔氏的八个儿子皆为郡守,终成器材。后人把孔氏

---

① 同治《湖州府志》作"邱腾,乌程人,光武初起义于南阳",而乾隆《乌程县志》卷五《名宦·邱腾》作"邱腾,光武初起礼于南阳,历公卿二千石,累迁大司马,卒葬乌程"。

的居所称为孔姥墩。

见于同治《湖州府志》卷八十一《列女》

邱　俊

　　邱俊，汉平帝时，手持符节，安抚江淮地区。不久，王莽专政，邱俊就滞留江南，定居乌程。

见于同治《湖州府志》卷九十《寓贤》

施　延

　　施延，字君子，沛国蕲县人。施延少为诸生，明习五经，旁通星官风角之学。因为家境贫寒，母亲年老，需要赡养，施延因此到处寻找机会，为人劳作，用以糊口养家。出于避乱的考虑，施延一度在庐江临湖县种瓜为生。后来又到海盐县，领取士卒月俸，补给家用。施延同时还在半路亭从事洒扫开闭等苦力活，获取资财，奉养母亲。当时吴郡和会稽郡尚未分立，山阴县人冯敷任吴郡督邮，经过半路亭，看到施延拿着扫帚洒扫尘土。冯敷心知施延品行贤良，主动下车，对其艰辛表示感慨，请到亭内一道进餐。冯都邮推食解衣，慷慨赠与，但是施延都不接受。东汉顺帝征辟施延到朝廷为官，后来官至太尉。施延在七十六岁的时候去世。[①]

见于同治《湖州府志》卷九十《寓贤》

---

　　① 范晔《后汉书》卷四十六《陈忠传》李贤《注》引谢承《后汉书》，补充施延传略，是为光绪《嘉兴府志》所本。"施延，字君子，蕲县人也。少为诸生，明于五经，星官风角，靡有不综。家贫母老，周流备赁。常避地于庐江临湖县种瓜，后到吴郡海盐，取卒月直，赁作半路亭父，以养其母。是时吴会未分，山阴冯敷为督邮到县，延持帚往。敷知其贤者，下车谢。使入亭，请与饮食，脱衣与之，饷钱不受。顺帝征拜太尉，年七十六薨。"

光绪《缙云县志》

王　远

　　王远,字方平,东海人。王远曾经被举孝廉,做过中散大夫。其人博学多才,熟谙五经,并且精通天文图谶、河洛阴阳之学。汉桓帝多次征辟,但是王远始终不愿出仕,皇帝没办法,只好让郡国强迫他进京。王远进京以后,在皇宫的门扇上写了四百余字,谈到将要发生的事情。汉桓帝让人把这些预言性的文字削掉,但是字深入木,刮了一层,里面又露出一层,墨迹始终清晰地留在门扇上面。与王远同郡的陈躭,曾为汉朝太尉。陈躭特意为王远修建了一间道室,愿意拜王远为师,修炼道术。王远在陈躭家住了三年。后来,登仙而去,衣服、帽子完好无缺地留在棺内,连衣带也没有解开过,而尸体却不翼而飞,像蛇蜕皮悄然溜走一样。王远曾经东游至括苍山,经过吴地,留宿在胥门蔡经家里。①

　　见于光绪《缙云县志》卷九《仙释》

---

　　① 王远行迹详见葛洪《神仙传》卷三王远本传,可补方志叙述之疏略:“王远,字方平,东海人也。举孝廉,除郎中,稍加至中散大夫。博学五经,尤明天文、图谶、河洛之要,逆知天下盛衰之期,九州吉凶,观诸掌握。后弃官,入山修道。道成,汉孝桓帝闻之,连征不出,使郡牧逼载,以诣京师。远低头闭口,不肯答语,乃题宫门扇四百余字,皆说方来之事。帝恶之,使人削之,外字始去,内字复见,字墨皆彻入板里。方平无复子孙,乡里人累世相传共事之。同郡故太尉公陈躭,为方平架道室,旦夕朝拜之,但乞福消灾,不从学道。方平在躭家四十余年,躭家无疾病死丧,奴婢皆然,六畜繁息,田蚕万倍,仕宦高迁。后语躭曰:‘吾期运将尽,当去,不得复停。明日日中,当发也。’至时,方平死。躭知其化去,不敢下着地,但悲涕叹息曰:‘先生舍我去耶? 我将何如?’具棺器,烧香,就床上衣装之。至三日三夜,忽失其尸,衣带不解,如蛇蜕耳。方平去后百余日,躭亦死。或谓躭得方平之道化去,或谓方平知躭将终,委之而去也。其后,方平欲东之括苍山。过吴,往胥门蔡经家。”

光绪《海盐县志》

白沃史君

白沃史君,汉顺帝永建二年任海盐县县令。当初,海盐县治在武原乡,后来海水浸淹,县治陷为当湖。白沃史君乘马奔走,四处考察,最后挥鞭一指,决定在当湖的东北角选址重建。海盐之地,历来是海水为患,但是从此以后,县治所在地不再沉没。当地的百姓为白沃史君建庙祭祀。①

见光绪《海盐县志》卷十四《名宦二》

陆 康

陆康,字季宁,陆续之孙,陆褒之子。陆康从小砥砺品行,操行出众。年轻的时候,陆康在郡府做过属吏,笃守道义,得到时人的高度评价。后来,陆康被举茂才,担任高城县县令。高城地处边疆,以前的县令每每征发百姓修缮城墙,每户必须出一人之力供给箭弩,以备战事需要。陆康上任,立马废除这些扰民的措施,因此深得民众拥护。陆康为政,以恩惠诚信为宗旨,不喜明察,盗贼反而缩手屏息。陆康因此迁为武林太守,转任桂阳、乐安二郡太守。汉灵帝想用铜铸造人像,国库虚空,于是下诏增加赋税,按照每亩田十钱的标准加以征收。但是天时不好,旱灾接着涝灾,百姓生活在水深火热之中。陆康上疏极谏,拂逆灵帝意志,免官归田。此

---

① 依徐用仪等,史君即使君,古字假借也。

后,陆康又被征为议郎。赶上庐江贼黄穰攻略县府,寇害百姓,于是被任命为庐江太守。陆康上任以后,严明赏罚,扫平贼党。

汉献帝即位,天下扰乱,百官废职。陆康派遣孝廉、上计官吏冒着重重危险向朝廷纳贡,履行郡守职责。朝廷对这种忠于职守的行为,非常看重,着意嘉奖,于是拜陆康为忠义将军。当时,袁术屯兵在寿春,兵众广多,粮食乏绝,派人向陆康求助。陆康视袁术为逆臣,不欲与之交往,于是高闭城门,严加防范。袁术恼羞成怒,派遣孙策攻打陆康。孙策的部队将陆康的城池围个水泄不通。陆康顽强抵抗了两年,最后因兵力不济,城池失守,陆康病发身亡。朝廷对于陆康英勇无畏的气节非常赏识,对他的结局感到惋惜,于是任命他的儿子陆俊担任郎官。①

见光绪《海盐县志》卷十五《人物传》

光绪《黄岩县志》

虞 翔

虞翔,章安人,曾为鄱阳太守。《会稽典录》说虞翔、任奕两人

---

① 光绪《嘉兴府志》卷五十六列陆康为海盐列传之首,并有一考案:"《海盐图经》用姚士粦《陆顾世谱》载康以下谱系甚详,盖陆氏世居长谷,即华亭谷,在海盐县东北二百里,见《吴地记》及《寰宇记》。天宝十载始割海盐北境立华亭县,则当未割之前,陆氏应归盐邑无疑。第其叙次两家,以宗派类聚,今一以时代为次序。"徐泰嘉靖《海盐县志》曾引《吴地记》为证,考定陆康为海盐人,"陆道瞻《吴地记》:海盐东北二百里长谷,陆逊、陆凯居之,谷东二百里昆山,父祖葬焉,则陆氏固海盐人也。海盐旧属吴郡,人物产是乡者,前史但曰'吴人',故后志吴郡者悉收入而海盐乃遗之,勿考故也。"

文采都很好,由他们起草的檄文都是文采焕发,耀人耳目。任奕是句章人,曾任御史中丞。[1]

见于光绪《黄岩县志》卷二十《文学》

光绪《淳安县志》

方　储

　　方储,字圣明。方储对于西汉孟喜的易学非常精通,并且熟谙图谶之学。[2] 汉章帝建初四年,方储被举为孝廉,任郎中。章帝亲自接见,命令习文的郎官站在宫殿左边,习武的郎官站在右边。但是方储却独立中间,"在下文武兼修,能够胜任各种工作"。章帝非常欣赏方储的才华,命人端出一盘乱丝,让他解开。方储拔出宝剑,将乱丝斩断。他说:"大凡紧急非常之事,都不能按常理处置,必须因势制宜,随机应变。比如这盘乱丝,纠缠难解,不妨先剪断纠结,然后再来理出头绪。"章帝对方储的回答大为赞赏,于是让他担任句章县令,转任阜陵、阳翟两地的县令。期间,方储

---

　　① 虞翔史料乏少,唯见于朱育答濮阳君之问,《台州府志》卷一百十六《文苑·虞翔》亦本之:"虞翔,章安人,为鄱阳太守。与御史中丞句章任奕各驰文檄,晔若春荣。"

　　② 方储明晓风角占候,亦可参阅《太平御览》卷二百六十七《职官部·良令长》所引谢承《后汉书》:"方储,字圣明,晓风角占候,为句章长。时人田还,置余粟一石及刀锄于田陌,明日求,亡去,疑其旁家。储曰:'此人非偷。'自呼县功曹,谓曰:'君何取人粟,置家后积荄中?'功曹叹服。后为洛阳令,功曹是宪客,为宪所讽,夜杀人,断头着奁中,置厩门下,欲令储去官。储摩死者耳边,问谁所杀。有顷,曰:'死人言为功曹所杀。'收功曹,拷竟具服。"光绪《慈溪县志》卷二十三《名宦·方储》即本《太平御览》所载补充方储事迹。

的母亲去世，他负土成坟，哀伤憔悴，超过常人，以致出现鸾凤、白兔等瑞征。汉章帝元和初年，方储又以贤良方正的科目被荐举到朝廷。皇帝策问，方储的对策属一等。因此，朝廷任他为议郎，转任洛阳县令，升迁太常。汉和帝永元五年将举行祭天的郊祀。方储预言天气将会出现变化，不适合举行祭祀之礼，应该另选吉日，但是和帝不采纳他的意见。等到祭天那一天，气朗天明，和帝认为方储竟然欺骗天子，大为不道，令其饮鸩酒自行了断。但是不一会儿，天色大变，如斗大的冰雹从天而降，上千人被砸死。和帝命人赶紧召还方储，但他已经服毒身亡。于是和帝追赠方储为尚书令，封为黟侯，让他归葬故里。后来，宋明帝以太牢之礼隆重地祭祀方储，在尚书令和黟侯之上，追赠龙骧将军、洛阳郡公的名号，以示崇敬。[①]

见于光绪《淳安县志》卷九《名臣》

方 俨

方俨，与弟弟方储、方俨一样，平素以推考孟氏易学为擅长。方储行迹已见上文，方俨后来担任南郡太守，封为关内侯，而方俨仕宦亦至大都督。仕宦与人生轨迹不尽相同，但是兄弟三人皆以

---

① 方储之籍贯，罗愿《新安志》卷八《叙仙释》言"方储字圣公，歙县人"；《江南通志》卷一百六十一《孝义》隶方储于太平府，卷一百七十五《方外》亦言"方储字圣公，歙人"；《浙江通志》卷一百二十二《选举》言"方储，富春人"；《太平御览》卷三百四十五、五百二十七、六百四十六、八百四十引方储事迹，皆言"丹阳方储"。然以《明一统志》卷四十一《严州府》诸说较为明晰，其叙淳安县沿革，曰："本汉丹阳郡歙县地，三国吴置始新县，为新都郡治，……宋宣和初改曰淳化，绍兴中始名淳安，元仍旧，本朝因之"；其记方储墓，曰："在淳安县治东南"；其记方储行迹，曰："方储，歙人，其地在今淳安。"

文学才艺为世所瞩目。①

见于光绪《淳安县志》卷十《文苑》

光绪《上虞县志》

綦毋俊

綦毋俊,会稽上虞人,从小接触儒家学术,研习《左氏春秋》。汉安帝永初中叶,綦毋俊被举为孝廉,任职左校令,后来又任交州刺史。② 皇帝下诏赐给高山冠等近臣服饰,并让他持有符节。元初三年,合浦地区蛮人造反,御史任逴受朝廷委派,前往合浦,统率州郡之兵,征讨逆贼。綦毋俊本应立马赶到合浦,听从任逴调遣,但是他认为苍梧、合浦邻近,反贼遭到打击,可能会流窜到苍梧境内继续为害。与其事发奔赴,不如事先做好准备,因此他在郡界严加防范,巩固苍梧的保障,然后再到合浦与任逴会师讨伐。蛮人造反最终被扫平,朝廷正要对綦毋俊论功行赏,但是他却把功劳全部归到任逴名下。綦毋俊认为蛮人反抗乃是治理不当所致,请求朝廷惩罚自己。汉安帝不但没有严惩綦毋俊,反而下诏,称美其人。虞翻说綦毋俊"拔济一郡,逊爵土之封",说的

---

① 光绪《严州府志》卷十九《人物·文苑》指明方侪籍贯,"方侪,新安人,与弟储、俨以孟氏易自相讲授。侪为南郡太守,封关内侯;储为太常,赠尚书令;俨为大都督;俱以文学鸣于时"。方氏兄弟生前俱以文学擅名,死后又同为世人神化。嘉靖《浙江通志》卷三十六《人物志·方侪》曰:"方侪,淳安人,与弟储、俨以孟氏易自相讲授。侪为南郡太守,封关内侯,俨为大都督,俱以文学名于时。储见《官师志》。世传其兄弟皆为仙,盖出于附会。"

② 志文本作"永和中,举孝廉",误,依欧大任《百越先贤志》改。

就是这件事。①

见于光绪《上虞县志》卷六《人物》

孟 英

　　孟英,字公房,上虞人。在孟英担任郡府掾吏的时候,有一个叫王凭的人触犯了王法,但是罪不至死。太守结案,却让县府处死王凭。王家告到京城,惊动天子,皇帝下诏让州刺史考案真相。形势严峻,孟英觅得机会,接近案件材料,将文件上的签名全部换成自己的名字。刺史追查下来,孟英被刑讯拷打。然而不管刑罚怎么酷烈,他就是不改口。孟英坚称,案件处理时,太守一直生病,如何结案并不知晓。孟英说自己在冬至那天借探病的机会,偷了太守的印章,封盖文书,让县府杀人。王凭之死并不是太守的意愿。事关重大,孟英在牢狱接受拷打将近一年,最后绝食而死。②

　　孟英的儿子孟章,后来也在郡府做事,担任功曹一职。有一次,孟章跟随首领讨伐盗贼,官兵不利,被敌人追杀。形势十分危

---

　　① 万历、乾隆两《绍兴府志》与万历、康熙两《上虞县志》皆列綦毋俊于三国吴,而光绪《上虞县志校续》卷六《人物》"考列汉代"。"綦毋俊,少涉儒学,治《左氏春秋》,举孝廉,拜左校令,出为交阯刺史。元初三年,合浦蛮反,遣御史任逴督州郡兵讨之。俊以苍梧当合浦下,蛮或流劫,猝难回顾,乃先保障苍梧,后往合浦。所向摧靡,功当封赏。上书归功于逴,自谓致寇当诛,诏下美之。论者称俊'拔济一郡,逊爵土之封'"。

　　② 乾隆《绍兴府志》卷六十《义行》引《会稽典录》指明孟英官职,"孟英,上虞人,为郡决曹掾,三世死义"。

急,孟章用身体护卫将领,最后壮烈牺牲。①

见于光绪《上虞县志》卷六《人物》

陈 业

陈业,字文理,会稽上虞人。郡守萧府君去世,陈业与书佐鲁双两人护送太守灵柩回乡安葬。一路上,翻山涉水,艰险备尝,鲁双不幸溺水沉江。陈业纵身入水,扒开淤泥,将尸体托出水面。陈业的兄长在渡海时,不幸丧命。当时随陈兄一道沉没者有五六人,捞出水面时,肌肤已经消烂,只剩一堆白骨,难以识别。见此惨相,陈业仰天长叹:"我听说血浓于水,骨肉至亲,必有灵异。"于是他划破手臂,把鲜血滴到白骨上面。有一具尸骨让陈业的血凝住不动,而在其他骨头上面则流动如常。

汉桓帝延熹六年,陈业担任会稽太守。他的操行高洁清廉,笃志诚信,有柳下惠之风。此后,汉朝的统治逐渐衰败,陈业弃官归田,在黟歙之间隐居,求得自适遂志。朱育曾说陈业"高邈妙踪,天下所闻"。沛国人桓俨曾经躲避祸乱来到会稽,闻听陈业的高风亮节,于是前往拜访,但是恰逢陈业外出,未能晤面。不久,桓俨渡海去交州,临行前,他给陈业留了一封信。这封信并没有交给专职人员递送,而是用绳子系在白楼亭。登上此亭,驰目远眺,一片湖光山色,美轮美奂。佳景配贤人,桓俨极有用意。朱育提及此事时说:"桓文林遗之尺牍之书,比竟

---

① 孟氏父子之义行,见于王充《论衡·齐世篇》:"会稽孟章父英,为郡决曹掾。郡将挝杀非辜,事至覆考。英引罪自责,卒代将死。章后复为郡功曹,从役功贼,兵卒比败,为贼所射,以身代将,卒死不去。"光绪《上虞县志》及光绪《上虞县志校续》即本此。然《会稽典录》又言王凭诸事,确切不疑,不知所据。

114

三高。"①

见于光绪《上虞县志》卷六《人物》

光绪《上虞县志校续》

淳 于 斟

淳于斟,字叔显。汉桓帝时,淳于斟曾为徐州县令,到汉灵帝时,他又被大将军辟为掾属。淳于斟从小喜好道法,精于术数,长期服食胡麻和黄精,修炼不懈。后来,淳于斟进到吴地乌目山中隐居,潜心注解《参同契》。② 同时又有淳于翼,字叔通,县长度尚曾经主动造访他。后来淳于翼被举为方士,担任洛阳市长,称为太极仙侯。③

见于光绪《上虞县志校续》卷十五《仙释》

---

① 桓傿之书,见于《会稽典录》:"从容养高,动静履直。季世多艰,爰适乐土。侧闻高风,饥渴话言。知乃深隐,邈然终时。求仁斯得,勤而无憾。齐踪古贤,何其优哉!"

② 余嘉锡《四库提要辨证》卷十九《周易参同契通真义三卷》以淳于翼为注《参同契》之人,"考魏伯阳为会稽上虞人,而淳于叔通亦上虞人,故称为同郡。是叔通之术为伯阳所亲授。……考《开元占经》卷百二十引《会稽典录》曰:'淳于翼字叔通,除洛阳市长。桓帝即位,有大蛇见德阳殿上,翼占曰以蛇有鳞甲,兵之应也。'此与弘景所注《参同契》言桓帝时上虞淳于叔通为洛阳市长者,姓字乡贯、时代官职,无一不合。然则叔通即淳于翼,而《真诰》乃谓之淳于斟,以为南岳夫人所言,许掾所书,其书诞妄不经,不足信也"。

③ 度尚造访淳于翼之事,亦见余嘉锡《辨证》:"袁宏《后汉纪》卷二十二云:'(度)尚字博平,初为上虞长,县民故洛阳市长淳于翼,学问渊深,大儒旧名,常隐于田里,希见长吏。尚往候之,晨到其门,翼不即相见。主簿曰还,不听,停车待之。翼晡乃见,尚宗其道德,极谈乃退。'案:《后汉书·孝女曹娥传》言'元嘉元年县长度尚改葬娥,为立碑',元嘉元年为桓帝即位后五年,则度为上虞长正在翼弃官之后,故隐于田里,不见长吏。其人之学行品节,于斯可见矣。"

115

徐太极

徐太极,会稽上虞人。徐太极年少时跟左慈交游,学得相面之术,从此巡游天下。有一次,他巧遇麓床道士,道士从身上解下土符送给他。经过这次巧遇,徐太极的道术更加高超。后来,徐太极客游荆州,诸葛丰请他为自己三个儿子看相。徐太极指着诸葛亮说:"此君非凡人,有神仙之德。"当时是汉灵帝光和六年己巳,诸葛亮年仅八岁。此前,还在汉桓帝时期,丹阳葛玄云游天台山,向徐太极学习相面之术。①

见于光绪《上虞县志校续》卷十五《仙释》

葛　玄

葛玄,字孝先,丹阳句容人。葛玄跟随左元放(即左慈)学习九丹金液仙经,服用丹药追求长生不老,常年以幽兰香芎为饵术进行修炼。曾有一个人航行在大海上,突遇大风,漂至孤岛。在孤岛上,落难者巧遇一人。那人交给他一封信,上面写着四个字"寄葛仙公"。接着,那人又说:"你回到会稽之后,请帮我交给葛玄。"从此,葛仙公的称呼就传开了,世人常常又把葛玄称为仙翁。光和二年正月初一,葛玄在上虞山,感动太上。所以太上老君遣郁罗翘、光妙音、真定光三位真人与徐太勒真人一道降落,授给葛玄三洞四辅经箓、修真秘诀、金书玉诰符图。太上老君又命侍经郎王思真披着九光玉韬,出洞元灵宝经典、七品斋目、劝诫法轮、无量通玄、转神入定

① 徐太极为诸葛亮看相,当出于附会。徐致靖于徐太极传末有一考案,极有理据:"《三国志》:诸葛亮,汉城门校尉丰之后,父珪字君贡,亮早孤,随从父至荆州依刘表。是丰乃远祖,亮在荆州时,父已殁。又亮卒于建兴十二年甲寅,年五十四,计距光和六年癸亥,时年甫三岁,非八岁,亦非己巳。"

等经,送给葛玄。葛玄登仙之后,陶弘景为他作铭,说他"驰涉川岳,偃塞兰苎"。今天在上虞县西南的顾墅滩附近有座山叫做葛公山,山中有一个像坟墓的石洞,相传葛玄当年就葬这个洞里。石墓旁边有石臼、石锄,洗药的溪水清澈见底,沉淀水底的石块好像丹砂一样。

见于光绪《上虞县志校续》卷十五《仙释》

光绪《余姚县志》

驷 勋

驷勋,会稽郡功曹史。楚王刘英谋反,通过书信,暗中招揽天下贤才。东窗事发,汉明帝得到楚王的联络名单。会稽太守尹兴的名字出现在这个名单,所以他被抓到廷尉管辖的监狱。驷勋与门下掾陆续、主簿梁宏以及普通掾吏五百多人,一同赶往洛阳监狱接受拷问。掾吏大都难以忍受酷刑折磨,超过半数的人死在监狱。唯有陆续、梁宏、驷勋等人,虽然皮破血流,肌肉生疮,但是始终不妥协,不改口屈招。驷勋后来因为陆续母亲的事情被释放,遣返故里。①

见于光绪《余姚县志》卷二十三《列传》

---

① 驷勋事迹附于陆续,见于正史。范晔《后汉书》卷八十一《独行列传》载:"楚王英谋反,阴疏天下善士。及楚事觉,显宗得其录,有尹兴名,乃征兴诣廷尉狱。续与主簿梁宏、功曹史驷勋及掾吏五百余人诣洛阳诏狱就考,诸吏不堪痛楚,死者大半。唯续、宏、勋掠考五毒,肌肉消烂,终无异辞。续母远至京师,觇候消息,狱事特急,无缘与续相闻,母但作馈食,付门卒以进之,续虽见考苦毒,而辞色慷慨,未尝易容,唯对食悲泣,不能自胜。使者怪而问其故。续曰:'母来,不得相见,故泣耳。'使者大怒,以为门卒通传意气,召将案之。续曰:'因食饷羹,识母所自调和,故知来耳。非人告也。'使者问:'何以知母所作乎?'续曰:'母尝截肉,未尝不方,断葱以寸为度,是以知之。'使者问诸谒舍,续母果来,于是阴嘉之,上书说续行状。帝即赦兴等事,还乡里,禁锢终身。"

董　昆

　　董昆,字文通,年轻时四方游学,拜颍川荀季卿为师,学习《春秋》,研究律令。有了这样的学习背景,董昆既熟悉儒家的伦理道德思想,又明晓法家求强求治的路数,加上董昆与生俱来的擅长以简驭繁的才能,所以县长潘松任命他为功曹史。刺史卢孟巡行辖部,考核政绩,重核冤错。潘松知道卢刺史熟谙律条,明察秋毫,所以他将董昆安排到狱史职位上,以便应对刺史的考案。刺史卢孟到县以后,发现董昆断案娴熟公平,就问他:“你当年跟谁学习律条?”董昆答道:“师从荀季卿。”卢孟听罢,对董昆说:“你的老师也是我的先生。”接着,卢孟又问董昆任职狱史的由来,县令只好如实回答。卢孟很有感叹,说自己的律令知识没有董昆学得好。后来董昆被卢孟召去担任州文学。

　　　　　　　　　　　　见于光绪《余姚县志》卷二十三《列传》

光绪《慈溪县志》

虞　光

　　虞光,汉朝时曾任零陵太守,从小研习《孟氏易传》。[①] 虞光之子虞成,担任过平舆县令,继承父学。此后,虞光之孙虞凤、曾孙

---

　　① 光绪《慈溪县志》在传末有一按语,涉及虞氏之墓:“宝庆《会稽志》:汉征士虞光墓在余姚县东北十里陈山。乾道中,史浩镇越,始告县表墓道,置田,长吏以时奉尝。”

虞歆以及玄孙虞翻都能秉承家学,续有发挥。孟氏易学可谓虞氏的家世之学。①

见于光绪《慈溪县志》卷二十四《列传》

光绪《分水县志》

张大顺

张大顺,天师道张道陵的父亲,在天目山修习道术,号为桐柏真人。张大顺的妻子梦见有一位神人从北魁星宿降落到地面,将一株散发着清香的蕲芜草递给她。张氏立刻感应怀孕,生下张道陵。张大顺死后,葬在分水县的生仙外乡,立有桐柏真人墓碑。张大顺墓旁有他姓坟墓。崇祯年间,张大顺的后嗣与他姓争执墓地界限,告到正一真人显庸那里。显庸查考家谱,说:"张氏祖墓原本在桐庐的西北乡,但是现场查找却没有发现,可能分水县在汉朝的时候,仍然隶属于桐庐。墓地周围的山川气势,非同一般,可以肯定这里就是祖师爷的发祥之地。"于是他们把张大顺的坟墓修筑一番,并且安排十户人家,专为张氏守护坟茔。

见于光绪《分水县志》卷八《仙释》

---

① 虞氏五代传《易》,见于《三国志》卷五十七《虞翻传》裴松之《注》所引《虞翻别传》:"(虞)翻初立《易注》,奏上曰:'臣闻六经之始,莫大阴阳,是以伏羲仰天县象而建八卦,观变动六爻为六十四,以通神明,以类万物。臣高祖父故零陵太守光,少治孟氏易,曾祖父故平舆令成,缵述其业,至臣祖父凤为之最密。臣亡考故日南太守歆,受本于凤,最有旧书,世传其业,至臣五世。"

光绪《富阳县志》

申屠蟠

申屠蟠,字子龙,陈留郡外黄县人。申屠蟠从小成为孤儿,为双亲守丧极度悲伤,以致身体遭到毁损。人们对他的孝行,钦敬万分。申屠蟠家境贫寒,曾经做过漆工,深得郭泰、蔡邕等人器重。刺史征召申屠蟠到州府担任职务,但是被他拒绝。郡府召他任主簿,也没有应允。后来,申屠蟠干脆隐居起来,潜心治学,精贯《五经》,旁通图纬。太尉黄琼曾经征召申屠蟠为吏,但是被他拒绝。后来黄琼去世,申屠蟠却主动前往参加葬礼。此后,申屠蟠又有两次被举为有道之士,他仍然没有应举。

申屠蟠生活在东汉末年,京师游士汝南范滂等人非议朝政,褒贬人物。在朝的公卿大夫对范滂等屈尊厚待,礼遇有加。太学的学生纷纷仿效,以为文学将兴。在清议之风大畅天下的时候,唯独申屠蟠保持着冷静和清醒。他叹息道:"从前战国时代,文人术士在一起议论朝政,各国君主甚至愿为术士先驱,但是最后却以焚书坑儒收场。看来今天也要发生这种灾祸了。"于是他销声匿迹,躲到梁山、砀山之间,以树为屋,躬自耕织,自取衣食。过了两年,范滂等人果然遭遇党锢之祸,申屠蟠因为超然清议之外,故而不受牵连。大将军何进接连征召申屠蟠进京为官,他都没有答应。汉灵帝中平五年,朝廷又一次征辟申屠蟠,他还是没有应征。第二年,董卓专政,特意安排官府车辆迎召申屠蟠与荀爽等人。大家都劝申屠蟠不要触逆权臣,但是他笑而不答。后来,关东盟军讨伐董卓,京城一片狼藉。公卿大夫颠沛流离,家室流散,唯有申屠蟠免于这种流亡的生活，保全了自己的操守和志节。世人盛传申屠蟠为躲避祸乱，曾经隐居在富春山中。那座山后来也叫申屠山，而申屠蟠的子嗣则世世代代居住在那里。

见于光绪《富阳县志》卷十八《人物志》

民国《余杭县志》

郎典案

郎典案，东汉时帮助余杭县令陈浑治水有功，与段主簿一起进入陈明府庙，接受乡人祭祀。

见于民国《余杭县志》卷二十八《义行》

张道陵

张道陵，字辅汉，光武帝建武十年出生于吴郡天目山。张道陵年仅二十岁，跟随他修炼道术的人就已经多达千人。天目山以南三十里，西北八十里，都有张道陵的讲道堂。临安的神仙观、余杭的通仙观都是他原来指导修炼的地方。汉和帝永元四年，张道陵觉得蜀地山川俊异，溪水灵秀，于是他前往该地，潜入深山，隐居修养。汉桓帝永寿二年九月九日，张道陵在巴郡赤城渠亭山的云台峰上，升天而去，时年一百二十二岁。

见于民国《余杭县志》卷二十八《方外传》

民国《杭州府志》

芮 祉

芮祉,字宣嗣,丹阳人。[①] 芮祉跟随孙坚四处征伐,建立功勋,所以孙坚推荐他为九江太守,转任吴郡太守。无论在哪里任职,芮祉都能恪尽职责,深得人心。[②]

见于民国《杭州府志》卷一百十六《名宦》

朱 治

朱治字君理,丹阳故鄣人,跟随孙坚征战讨伐。孙坚去世,朱治迁为吴郡都尉。朱治本欲从钱塘进到吴郡,但是当时的太守许贡在由拳阻击他。朱治与之交战,大败许贡。朱治由此进入吴郡,兼理吴郡太守事务。

见于民国《杭州府志》卷一百十六《名宦》

---

① 陆逊、虞翻诸人主要活动于三国时期,民国《杭州府志》将其收作汉代名宦,有一辨析:"乾隆志(乾隆《杭州府志》,清·郑沄修,邵晋涵纂)以芮祉、朱治、陆逊、虞翻四人俱列三国吴。今考芮祉由九江守转吴郡,为孙坚所荐;朱治以吴郡都尉领太守事,在许贡后;陆逊为海昌屯田都尉并领县事,据《海盐图经》,在建安八年;虞翻为富春长,以孙策卒年计之,在建安五年。是当并列汉代也。"

② 芮祉行迹见于《三国志》卷六十一《潘濬传》裴松之《注》:"(芮)玄字文表,丹杨人。父祉,字宣嗣,从孙坚征伐有功,坚荐祉为九江太守,后转吴郡,所在有声。"

彭　修

　　彭修,字子阳,会稽郡毗陵人。彭修曾任郡府功曹,当时西部都尉宰晁代理执行太守职权。宰晁因为很小的过失,将吴县狱吏收拿归案,判定死罪。主簿钟离意据理力争,言辞恳切。宰晁被钟离意激怒,将他也收押起来,准备一道治罪。掾吏见宰晁盛怒,谁也不敢劝阻。这个时候,彭修推门而入,拜倒在地。经过一番劝说,宰晁原谅了钟离意,同时赦免犯事的狱吏。此后,扬州刺史提拔彭修为从事。盗贼张子林等人造反作乱,会稽郡守向州府建议,让彭修担任吴县县令。彭修跟太守一起讨伐反贼,战事激烈,箭如雨下。彭修以身体护卫太守,不幸被乱箭射中,伤重致死,而太守得以生还。盗贼素来钦敬彭修的人品,杀掉那个放箭的人。其余的人或者逃散,或者投降,贼众喊道:"我们不是害怕太守,而是感戴彭县令的恩德。"

　　　　　　　　见于民国《杭州府志》卷一百十六《名宦》

陆　逊

　　陆逊,字伯言,吴郡吴县人。陆逊二十一岁那年,进入孙权幕府,历任东西曹令史,出任海昌县屯田都尉,同时兼理县里的政务。海昌县连年大旱,陆逊打开官仓,放粮救济贫民,劝勉督促农业生产,百姓们因此受益。

　　　　　　　　见于民国《杭州府志》卷一百十六《名宦》

虞 翻

虞翻，字仲翔，会稽郡余姚人。太守王朗任命虞翻担任功曹。孙策征讨会稽，也让虞翻担任功曹，并且用朋友的礼节对待他。虞翻后来出任富春县长。孙策去世，诸地长官都想前去奔丧，虞翻说："邻县山民可能乘机作乱，大家现在都要远离城郭，必将招致难以预料的祸事。"虞翻最终留驻不动，按照礼制，服丧尽哀。各县仿效，因此境内平安无事。

见于民国《杭州府志》卷一百十六《名宦》

张 渍

张渍，富春县丞。富春县有一块记载张渍德行的石碑，字迹残缺踌驳，难以辨认。碑文之末的铭辞，尚可识别。写作："佐政流水，垂歌吴域，位细德弥，礼让雕穆。"①

见于民国《杭州府志》卷一百十六《名宦》

何 敞

何敞，钱塘人。汉朝末年，何敞隐居在太湖地区。该地区一度遭遇亢旱，又有蝗虫为害，百姓生计艰难。此时，太守送上官府印绶，请何敞出山，担任无锡县令。何敞淡泊荣利，但是面对严峻的形势，他慨然应允。他说："百姓生活在水深火热当中，此情此景，怎

---

① 倪涛《六艺之一录》卷五十《石刻文字二十六·富春丞张君碑》作："佐政流化，垂歌吴域，位细德弥，礼让雕穆。"

么能够不出来救济黎民呢?"何敞走马上任,用心做好开辟田野、增广户口、均平赋役、寝息盗贼、调和军民、简化词讼等消灾工作。三天过后,天降甘霖,蝗虫尽死。灾难一过,何敞重又隐居而去。

见于民国《杭州府志》卷一百三十二《仕迹》

天目山隐者

　　天目山隐者,世上没有人知道他的真实姓名,只知道他被称为天目先生。会稽东部都尉刘洪曾经拜访过天目先生,向他提问:"请问数有穷尽吗?"天目先生回答:"黄帝首先创造数字,分为十等。真正在运用数字计数的时候,又有三种情况。所谓数有十等,指的是亿、兆、京、垓、秭、壤、沟、涧、正、载等十个计数单位;所谓用有三等,是指计数单位之间有三种进位方式。下等之数,以十为倍数关系,如十万成亿,十亿成兆,十兆成京。中等之数,以万为倍数关系,如万万成亿,万亿成兆,万兆成京。上等之数,没有固定倍数,数尽则变,如万万成亿,亿亿成兆,兆兆成京。从亿到载,数字演变就算进入化境,无有至极。下等之数以十为进阶关系,变化短浅,然而平素计事,用之不尽。上等之数,变化恢宏,寻常计算,又不大涉及。所以学数的重点在于中等之数。"刘洪又问:"您讲上等之数,倍数不一,变化多端,又说数字到了上等之数,数字单位已经终了。但是世间事物是无限的,以有限的数字去计量无限的事物,如何能够穷尽算计呢?"天目先生笑着答道:"可能您未加深思,其实用数字计算,有重复就有变化,大的数字单位统摄小的,而数字单位又可以无限循环。当我们可以循环使用数字时,还有什么东西是不能计算的呢?"刘洪又问:"作为计数的形式,都是用筹来反复运算的吗? 还有别的计算工具和方法吗?"天目先生告诉刘洪,《隶首注术》提到很多方法,其中大部分他已经遗忘,只有十四种方法,他还能说出梗概和

125

要旨。这十四种方法是积算第一、太乙第二、两仪第三、三才第四、五行第五、八卦第六、九宫第七、运算第八、了知第九、成数第十、把头十一、龟算十二、珠算十三、计算十四。[1] 刘洪尽得天目先生算学精髓，后来又传给东莱徐岳。

见于民国《杭州府志》卷一百四十七《畴人》

民国《台州府志》

许孝子

许孝子，不知道是什么朝代的人，曾经居住在临海县以北四十五里的地方。许孝子为父母守丧，极有孝道。他每一次哭泣，山上的乌鸟都跟着一起悲鸣。后人把这座山叫做许孝山。[2]

见于民国《台州府志》卷一百十四《孝友》

---

[1] 天目先生言为算之法，言简意赅："《隶首注术》乃有多种，及余遗忘，记忆数事而已。其一积算；其一太乙，太乙之行，去来九道；其一两仪，天气下通，地禀四时；其一三才，天地合同，随物变通；其一五行，以生兼生，生变无穷；其一八卦，针刺八方，位关从天；其一九宫，五行参数，犹如循环；其一运筹，小往大来，运于指掌；其一了知，首唯秉五，腹背两兼；其一成数，春生夏养，秋收冬成；其一把头，以身当五，目视四方；其一龟算，春夏秋成，遇冬则停；其一珠算，控带四时，经纬三才；其一计算，既舍数术，宜从心计。此等诸法，随须更位。惟有九宫，守一不移，位依行色，并应无穷。"

[2] 许孝子之年代，《台州府志》虽不能明，然其置之车汉邓卢叙之前，可见传说已然久远。《赤城志》卷十九《山水门》亦曰"许孝山在县北四十五里"，与《台州府志》相合。而《浙江通志》卷十六《山川·许孝山》采《名胜志》与《临海县志》言："许孝山，《临海县志》'在县西北七十里'，《名胜志》：旧传有许姓者，居丧至孝，每恸则群乌悲鸣，因以名山。"

民国《衢县志》

贺 齐

贺齐,字公苗,会稽山阴人。汉献帝时,太末、丰浦两县的盗贼造反,朝廷任命贺齐担任太末县长。^① 上任之后,贺齐诛杀贼首,宽宥随众,分化瓦解。不到一个月,叛乱就被他平定下来。

见于民国《衢县志》卷二十《民宦志》

----

① 贺齐任太末县长时间,纂修郑永禧有一考证:"旧志作建安十六年任,不知何据。以《吴志》本传考之,当在建安元年以前。若十六年,齐已为新都郡太守。其误无疑。余绍宋修《龙游志》定为兴平间,诚是。"

附　录

正史收录越地人物表

序号	正史名称	修撰者	收录人物	卷　次	名　目
1	史记	西汉·司马迁	薄太后	卷四十九	《外戚世家》
			辕终古	卷一百一十四	《东越列传》
2	汉书	东汉·班固	严助、朱买臣	卷六十四上	《严朱吾丘主父徐严终王贾传》
			郑吉	卷七十	《傅常郑甘陈段传》
3	后汉书	南朝宋·范晔	郑弘	卷三十三	《朱冯虞郑周列传》
			杨璇	卷三十八	《张法滕冯度杨列传》
			钟离意	卷四十一	《第五钟离宋寒列传》
			王充	卷四十九	《王充王符仲长统列传》
			魏朗	卷六十七	《党锢列传》
			朱俊	卷七十一	《皇甫嵩朱俊列传》
			龙丘苌、孟尝	卷七十六	《循吏列传》
			黄昌	卷七十七	《酷吏列传》
			赵晔	卷七十九下	《儒林列传》
			张武、戴就	卷八十一	《独行列传》
			谢夷吾	卷八十二上	《方术列传》

序号	正史名称	修撰者	收录人物	卷次	名目
			韩说、赵炳	卷八十二下	《方术列传》
			严光	卷八十三	《逸民列传》
			曹娥	卷八十四	《列女传》
4	三国志	西晋·陈寿	孙坚、孙策	卷四十六	《孙坚孙策传》
			孙破虏吴夫人	卷五十	《孙破虏吴夫人传》
			吴景	卷五十	《孙破虏吴夫人传》
			徐琨	卷五十	《吴主权徐夫人》
			徐琨母孙氏	卷五十	《吴主权徐夫人》
			孙静、孙瑜、孙皎、孙贲、孙辅、孙翊、孙河	卷五十一	《宗室传》

⌘ 方志收录越地人物表 ⌘

序号	方志名称	修撰者	版本	收录人物	卷次	名目
1	剡录	宋·高似孙撰，清·徐幹校刊	宋代嘉定八年刊本，清代同治九年重刊本	贺齐	卷一	《古今长》
				刘晨、阮肇	卷三	《仙道》
2	四明志	宋·罗濬等纂修	宋代宝庆年间钞本	夏黄公、张齐芳、董黯、任光、郑云、任奕、王修、阚泽	卷第八	《叙人》
3	咸淳临安志	宋·潜说友原纂修，清·汪远孙校补	清代道光十年重刊本	严光、诸葛琮、孙钟、孙坚、孙策、孙瑜、孙皎、孙贲、吴景、徐琨、张俨	卷六十二	《人物三》
				孙破虏吴夫人、徐琨母孙氏	卷六十八	《人物九》
4	延祐四明志	元·袁桷撰	元延祐七年修，清代乾隆钞本	黄公、董黯、任光、郑云、梁宏、任奕、王修、张齐芳、阚泽	卷四	《先贤》
5	金华府志	明·王懋德等修，陆凤仪等编	明万历六年刊本	颜乌、龙邱苌、杨乔、杨璇、张敦、骆俊	卷十五	《人物》

133

序号	方志名称	修撰者	版　本	收录人物	卷次	名　目
6	绍兴府志	明·萧良幹等修，张元忭等纂	明万历十五年刊本	薄太后	卷三十五	《帝后》
				阳都侯丁复、安远侯郑吉、西乡侯朱俊	卷三十六	《王侯》
				严助、朱买臣、颜驷、任延、第五伦、庆鸿、张霸、马稜、陈重、马臻、殷丹、刘宠、蒋钦、淳于式、顾雍、王关、度尚	卷三十七	《名宦》
				贺纯、钟离意、黄昌、孟尝、郑弘、虞国、谢夷吾、魏朗	卷四十	《乡贤》
				曹娥、孟淑、上虞孝妇	卷四十七	《列女》
7	秀水县志	明·李培等修，黄洪宪等纂	明万历二十四修，民国十四年铅字重刊本	徐栩	卷六	《宦迹》
				严忌、严助、朱买臣	卷六	《文苑》
				张武	卷六	《孝友》
				许昇妻吕氏	卷六	《列女》
8	上虞县志	明·徐待聘等修	明万历三十四年刊本	樊正、杨威	卷十七	《孝义》
				陈业	卷十七	《隐逸》
				王充	卷十八	《文苑》
				曹娥	卷十八	《列女》
				梅福、袁忠	卷十八	《寓贤》
				魏伯阳、葛玄	卷十八	《仙释》

序号	方志名称	修撰者	版　本	收录人物	卷次	名　目
9	慈溪县志	明·姚宗文纂修	明天启四年刊本	任奕	卷九	《文苑》
				黄公、张齐芳	卷十	《隐逸》
				董黯	卷十	《孝友》
				王修、郑云、梁宏	卷十一	《义侠》
10	舟山志	明·何汝宾辑	景抄明天启六年何氏刊本	安期生、徐市、梁鸿、梅子真	卷三	《流寓》
11	武林灵隐寺志	清·孙治初辑、徐增重修	清康熙十一年刊本	陆玮、陈浑	卷五	《历代人物》
12	德清县志	清·侯元棐等修，王振孙等纂	清康熙十二年钞本	沈戎	卷七	《名业》
				吴羕、沈仪	卷七	《高隐》
				蓟子训	卷七	《方伎》
13	临海县志	清·洪若皋等纂修	清康熙二十二年刊本	邓卢叙	卷八	《孝友传》
				高察	卷九	《隐逸传》
14	乌程县志	清·罗愫、杭世骏等纂修	清乾隆十一年刊本	严䜣	卷五	《名宦》
				邱腾、费汎、费凤、沈酆、沈景、沈仪	卷五	《人物》
15	温州府志	清·李琬修，齐召南等纂	清乾隆二十五年刊，民国三年补刻版	蔡敬则	卷二十	《循吏》
				梅福	卷二十一	《寓贤》

序号	方志名称	修撰者	版　本	收录人物	卷次	名　目
16	绍兴府志	清・李亨特总裁、平恕等修	清乾隆五十七年刊本	严助、朱买臣、颜驷、任延、黄说、第五伦、尹兴、庆鸿、张霸、马棱、陈重、马臻、殷丹、刘宠、王朗、蒋钦、淳于式、顾雍、王闳、度尚	卷四十一	《名宦》
				丁复、郑吉、孙豹、贺纯、钟离意、黄昌、郑宏、虞国、谢夷吾、魏朗、朱俊、盛宪	卷四十四	《乡贤》
				张买	卷五十一	《宦迹》
				王充、澹台敬伯、顾奉、韩说、赵煜	卷五十三	《儒林》
				杨威、顾翱、陈业、包全	卷五十八	《孝行》
				陈器、戴就、孟英	卷六十	《义行》
				严光、陈业	卷六十二	《隐逸》
				梅福、吴羌、王望、袁忠、陆瑁、蔡邕、梁伯鸾、桓煜、孔潜	卷六十三	《寓贤》
				薄太后	卷六十四	《后妃》
				曹娥、孟淑、上虞孝妇	卷六十四	《列女》

序号	方志名称	修撰者	版　本	收录人物	卷次	名　目
17	长兴县志	清·赵定邦等修，丁宝书等纂	清同治十三年修，光绪十八年增补刊本	钱让	卷二十三	《人物传》
				钱林	卷二十六	《寓贤》
18	湖州府志	清·宗源翰等修，周学濬等纂	清同治十三年刊本	严近	卷六十三	《名宦录》
				沈景	卷六十四	《人物列传》
19	缙云县志	清·何乃容等修，潘树棠等纂	清光绪二年刊本	王远	卷九	《仙释》
20	海盐县志	清·王彬修，徐用仪纂	清光绪二年刊本	白沃史君	卷十四	《名宦二》
				陆康	卷十五	《人物传一》
21	黄岩县志	清·陈钟英等修，王咏霓纂	清光绪三年刊本	黄他	卷十九	《忠义》
				邓卢叙	卷十九	《孝友》
				虞翔	卷二十	《文学》
				赵晒	卷二十一	《寓贤》
22	淳安县志	清·李诗等纂修	清光绪十年刊本	方储	卷九	《名臣》
				方侪	卷十	《文苑》
23	上虞县志	清·唐煦春等修，朱士黻等纂	清光绪十七年刊本	度尚	卷五	《名宦》
				王充、綦毋俊、孟英、孟尝、陈业、魏朗、戴就、杨威、朱隽	卷六	《人物》
				曹娥、孟淑、上虞寡妇	卷十四	《列女》
				袁忠	卷十七	《寓贤》

序号	方志名称	修撰者	版　本	收录人物	卷次	名　目
24	上虞县志校续	清·储家藻修,徐致靖纂	清光绪二十五年刊本	度尚	卷五	《名宦》
				王充、綦毋俊、孟英、孟尝、陈业、魏朗、戴就、杨威、朱俊	卷六	《人物》
				梅福、袁忠	卷十五	《寓贤》
				魏伯阳、淳于斟、徐太极、葛元	卷十五	《仙释》
				曹娥、孟淑	卷十六	《仁烈》
25	余姚县志	清·邵友濂修,孙德祖等纂	清光绪二十五年刊本	严光、黄昌、虞国、驷勋、董昆	卷二十三	《列传一》
				梅福	卷二十四	《寓贤》
26	慈溪县志	清·冯可镛修,杨泰亨纂	清光绪二十五年刊本	方储	卷二十三	《名宦传》
				黄公、董黯、张齐芳、郑云、梁宏、任光、虞光、虞国、任奕	卷二十四	《列传一》
27	光绪分水县志	清·陈常铧修,臧承宣等纂	清光绪三十二年刊本	张大顺、葛元	卷八	《仙释》
28	富阳县志	清·汪文炳等修纂	清光绪三十二年刊本	严光、申屠蟠、孙钟、孙坚、孙静、吴景、孙策、孙翊、孙贲、孙辅、孙河、徐琨	卷十八	《人物志上》

序号	方志名称	修撰者	版　本	收录人物	卷次	名　目
29	余杭县志	清·张吉安等修，朱文藻等纂	民国八年重刊本	陈浑	卷二十一	《名宦传》
				诸葛琮	卷二十五	《循吏传》
				郎典案	卷二十八	《义行传》
				张道陵	卷三十	《方外传》
30	杭州府志	清·龚嘉俊修，李榕纂	民国十一年铅印本	严助、朱买臣、任延、第五伦、尹兴、庆鸿、张霸、孙松、马稜、芮祉、朱治、王充、钟离意、谢夷吾、郑宏、戴就、陆逊、虞翻、张㵪、陈浑	卷一百十六	《名宦》
				孙瑜	卷一百二十三	《名臣》
				辕终古、孙坚、孙策、吴景、孙静	卷一百二十七	《武功》
				诸葛琮、何敞	卷一百三十二	《仕迹》
				孙钟	卷一百三十九	《孝友》
				天目山隐者	卷一百四十七	《畸人》
				陆玮	卷一百四十八	《隐逸》

序号	方志名称	修撰者	版 本	收录人物	卷次	名 目
31	台州府志	喻长霖等纂修	民国二十五年铅印本	严䜣	卷九十六	《名宦传》
				黄他	卷一百十一	《忠义传》
				许孝子、邓卢叙	卷一百十四	《孝友》
				虞翔	卷一百十六	《文苑》
				高察、间邱逸民	卷一百二十一	《隐逸》
32	衢县志	民国·郑永禧纂修	民国十八年辑、民国二十六年铅印本	贺齐	卷二十	《名宦志》
33	宁波郡志①	明·杨寔纂修	明成化四年刊本	任奕	卷八	《儒业》
				任光、王修、郑云、梁宏	卷八	《忠义》
				董黯	卷八	《孝行》
				黄公、张齐芳	卷八	《隐逸》
				梅福	卷八	《仙术》

① 方志 1—32,见于正文引据,方志 33—61,见于注释参考。

序号	方志名称	修撰者	版　本	收录人物	卷次	名　目
34	浙江通志	明·薛应旂撰	明嘉靖四十年刊本	颜乌、严忌、郑吉、龙丘苌、钱林、徐栩、严光、钟离意、王充、黄昌、郑弘、张武、谢夷吾、任奕、方储、施延、孟尝、魏朗、朱俊、赵晔、张俨、杨璇、骆俊、孙策	卷三十六	《人物志第六之一》
				孔氏妇、吴计昇妻吕氏	卷四十八	《人物志第六之三》
35	杭州府志	明·陈善等修	明万历七年刊本	孙坚、孙策、孙皎、孙贲、吴景、徐琨	卷七十一	《人物五》
				诸葛琮、孙瑜	卷七十六	《人物十》
36	嘉兴府志	明·刘应钶修,沈尧中等纂	明万历二十八年刊本	张武	卷二十一	《孝友》
				严忌、朱买臣	卷二十一	《文苑》
				吕氏荣	卷二十三	《闺行》
37	钱塘县志	纂修姓氏不详	明万历三十七年修,清光绪十九年刊本	全柔		《名臣》
				辕终古		《武臣》
38	龙游县志	明·万廷谦等纂修	明万历四十年原修,民国十二年重刊排印本	龙丘苌	卷八	《先贤》

序号	方志名称	修撰者	版　本	收录人物	卷次	名　目
39	上虞县志	清·郑侨等纂	清康熙十年刊本	孟尝、魏朗、朱俊	卷十五	《名贤》
				戴就	卷十六	《忠烈》
				樊正、杨威	卷十七	《孝义》
				陈业	卷十七	《隐逸》
				曹娥、孟淑、孝妇、翟素	卷十八	《烈女》
				魏伯阳、葛元	卷十八	《仙释》
40	萧山县志	清·邹勷、聂世棠等纂修	清代康熙十一年刊本	朱俊	卷十九	《流寓》
41	慈溪县志	清·阳正笱修,冯鸿模纂	清代雍正八年刊本	董黯	卷九	《孝友》
				任奕	卷十	《文苑》
				梁宏、郑云	卷十	《义行》
				黄公	卷十	《隐逸》
				王修	卷十	《流寓》
42	宁波府志	曹秉仁纂,清雍正十一年修	清乾隆六年补刊本	郑云、梁宏、任光	卷二十三	《忠节》
				董黯	卷二十四	《孝义》
				任奕	卷二十六	《文苑》
				黄公、张齐芳	卷二十八	《隐逸》
43	建德县志	清·王宾等修,应德广等纂	清代乾隆十九年刊本	严光	卷八	《流寓》

序号	方志名称	修撰者	版　本	收录人物	卷次	名　目
44	诸暨县志	清·沈椿龄等修,楼卜法等纂	清代乾隆三十八年刊本	张敦	卷二十	《名宦》
45	义乌县志	清·诸自毂等修,程瑜等纂	清代嘉庆七年刊本	颜乌	卷十三	《孝友》
				杨乔	卷十四	《志节》
				杨扶、骆俊	卷十五	《政事》
				杨璇	卷十五	《武功》
46	嘉庆山阴县志	清·嘉庆八年徐元梅等修,朱文翰等辑	民国二十五年绍兴县修志委员会校刊铅印本	王关	卷十二	《人民志第二之四》
				丁复、郑吉、陈嚣、钟离意、郑宏、谢夷吾、贺纯、盛宪、赵煜、韩说	卷十三	《人民志第二之五》
47	长兴县志	清·邢澍等修,钱大昕等纂	清嘉庆十年刊本	钱让	卷二十	《人物》
				钱林	卷二十二	《寓贤》
48	建德县志	清·周兴峰等修,严可均等纂	清道光八年刊本	严光	卷十二	《寓贤》
49	嘉禾志	元·徐硕撰,清·管芷湘补校	清道光十九年补校,咸丰七年跋	朱买臣、张武	卷十三	《人物》
				陆康	卷十三	《人物》
50	镇海县志	清·俞樾纂	清光绪五年刊本	任奕	卷二十一	《人物一》
51	石门县志	清·余丽元纂修,清·谭逢仕等纂	清光绪五年刊本	辕终古	卷六	《名宦》

序号	方志名称	修撰者	版　本	收录人物	卷次	名　目
52	永嘉县志	清·张宝琳修,王菜等纂	清光绪八年刊,民国二十四年补刻版	梅福	卷十八	《寓贤》
53	忠义乡志	清·吴文江修	清光绪二十七年刊本	黄公	卷十	《人物传一》
54	奉化县志	清·李前泮修,张美翊纂	清光绪卅四年刊本	王脩	卷十三	《名宦》
				黄公	卷二十三	《人物一》
55	富阳县新志补正	清·朱寿保等撰	清宣统三年钞本	孙钟		《古今人物表》
56	建德县志	夏日璇等修,王韧等纂	民国八年铅印本	孙韶	卷十四	《武功》
				严光	卷十四	《流寓》
57	新登县志	徐士瀛等修,张子荣等纂	民国十一年铅印本	龙邱苌	卷十五	《流寓》
58	龙游县志	余绍宋纂修	民国十四年铅印本	龙丘苌	卷十七	《人物传》
59	汤溪县志	民国·丁燮等修,戴鸿熙等纂	民国二十年铅印本	龙邱苌	卷十	《人物上》
60	镇海县志	民国·洪锡范等修,王荣商等纂	民国二十年铅印本	任奕	卷二十二	《人物传一》
61	嵊县志	民国·牛荫麐等修,丁谦等纂	民国三十三年铅印本	刘晨、阮肇	卷十八	《仙释》

会稽典录*

晋·虞预叔宁 撰 绍兴周树人 辑

张寿镛 序

　　谈会稽掌故者莫古于《典录》，顾其书不传于今而时时称引于它书，裴松注《三国志》述之尤详。寿镛尝以叔宁著《晋书》五十六卷既不可得，而汤氏球辑其残佚得一卷，窃欲师其意，商诸冯君孟颛，则以原书体例茫然，未悉其绪，虽从事编辑而犹未敢自信也。孟颛忽于《浙江图书馆书目》见有辑本《会稽典录》二卷，即驰书录副以示寿镛，且曰体例极善，胜于其自编者实多。寿镛因读之，凡它书称引者略备，尤重在人物，体例较汤氏辑《晋书》为精，与陶氏《说郛》所录窃全书之名而寥寥数纸者相去远矣。考乾隆《余姚志》云："《会稽典录》二十四卷，明初尚有完书，今失传。"夫以二十四卷之书，纳之于二卷之中，西爪东鳞汇成一帙，若复其初者然，吾知其难矣。虽然，此特人物中之七十二人耳。叔宁之作其谈山川景物、朝章国故更有其粲然者在，即人物亦不止此，安得一一搜集之以成完书乎？宋熙宁间，孔郎中延之编《会稽掇英总集》，自汉迄宋，凡得铭志歌诗八百五篇，大都由搜岩剔薮而来，号称精博。于《典录》仅采朱育之对，余未及焉，岂姚《志》所云《典录》"明

　　*《会稽典录》标点整理以《四明丛书》所采张约园刊本为底本。

初尚有完书"未可信耶？或孔郎中好诗文而略于典故耶？学者宜求真古书而真古书不可多得，得其一二矣，乌可以其少而忽诸？因刻周君所辑《会稽典录》二卷，周君树人，字豫材，世称鲁迅先生云。民国二十六年十月张寿镛。

周树人 序

《隋书·经籍志》："《会稽典录》二十四卷，虞预撰。"《旧唐书·经籍志》、《新唐书·艺文志》同。预，字叔宁，余姚人。本名茂，犯明帝穆皇后讳改。初为县功曹见斥，太守庾琛命为主簿。纪瞻代琛，复为主簿，转功曹史。察孝廉，不行。安东从事中郎诸葛恢、参军庾亮等荐预，召为丞相行参军兼记室，遭母忧，服竟，除佐著作郎。大兴中，转琅琊国常侍，迁秘书丞著作郎。咸和中，从平王含赐爵西乡侯，假归，太守王舒请为咨议参军。苏峻平，进封平康县侯，迁散骑侍郎，著作如故，除散骑常侍，仍领著作，以年老归，卒于家。撰《晋书》四十余卷，《会稽典录》二十篇，见《晋书》本传。《典录》，《宋史·艺文志》已不载，而宋人撰述时见称引，又非出于转录，疑民间尚有其书，后遂湮昧。今搜缉逸文，尚得七十二人，略依时代次第，析为二卷。有虑非本书者，别为存疑一篇附于末，周树人识。

卷 上

范 蠡

范蠡,字少伯,越之上将军也。本是楚宛三户人,《越绝外传·纪策考》云:"生于宛橐,或伍之虚。"被发二字《御览》引有。佯狂,倜傥负俗。文种为宛令,游三户之里,下车谒蠡,蠡不为礼。种还馆,复遣使奉谒,蠡默而不言。已上六句,《史记正义》引作"遣吏谒奉",今据《书钞》引补。吏还曰:"范蠡本国狂人,生有此病。"种笑曰:"吾闻士有贤俊《书钞》、《御览》引并作"圣贤"。之资,必有佯狂之讥,内怀独见之明,外有不知之毁,此固非二三子之所知也。"驾车而往,蠡避之。后知种之必来谒,谓兄嫂曰:"今日有客,愿假衣冠。"有顷,种至,抵掌而谈。《越绝外传》记范伯云谓大夫种曰:"三王则三皇之苗裔也,五伯乃五帝之末世也。天运历纪,千岁一至,黄帝之元,执辰破巳,霸王之气,见于地户,子胥以是挟弓干吴王。"旁人观者耸听之矣。

《史记·越王勾践世家》《正义》,《书钞》九十八,又三十四,《御览》四百七十四

吴王使王孙雄谓范蠡曰:"子先人有言曰'无助天为虐,助天虐者不祥。今吾稻蟹无遗种,子将助天为虐,不忌其不祥乎?"

《御览》四百九十二

计 倪

越王近侵于强吴,远愧于诸侯,乃胁诸臣而欲与之盟,"吾欲伐吴,奈何而有功?"群臣未对。王曰:"夫主忧臣辱,主辱臣死,何

大夫易见而难使者?"计倪官卑年少,其居在后,举手而起曰:"殆哉!非大夫易见难使,是大王 原作"大夫",据《越绝外传·计倪》改。不能也。"王曰:"何谓也?"倪曰:"夫官位财币,王之所轻,死者士之所重也。王爱所轻,责人所重也。岂不难哉?"《史纪·货殖列传》《集解》云:"徐广曰:'计然者,范蠡之师,名研。'"又《索隐》云:"《吴越春秋》谓之计倪,《汉书·古今人表》计然列在第四,则倪之与研是一人,声相近而相乱耳。"案《意林》引《范子》云:"计然者,葵丘濮上人,姓辛名文子,少而明,学阴阳,见微知著,不肯自显。诸侯阴所利者,七国天下莫知,故称曰计然。时遨游海泽,号曰渔父。范蠡请见越王,计然曰:'越王为人,鸟喙,不可与同利也。'"未尝仕越,与计倪虑非一人。

《御览》四百六十九

宋 昌

昌,宋义孙也。案:《史·惠景间侯者年表》云:"壮武侯宋昌,以家吏从高祖起山东,以都尉从之荥阳,食邑。以代中尉,劝代王入,骖乘,至代邸。王卒为帝,功侯千四百户。"详见《孝文本纪》。又林宝《元和姓纂》云:"宋昌为汉中尉,始居西河介休。"

《史记·孝文本记》《索隐》

郑 吉

郑吉《汉书》本传云"会稽人",今案:会稽山阴人也。范晔《后汉书·郑弘传》注引谢承书云:"弘曾祖父本齐国临淄人,官至蜀郡属国都尉,武帝时徙强宗大姓,不得族居,将三子移居山阴,因家焉。长子吉,云中都尉,西域都护。"既破车师,降日逐,威镇西域,遂并车师以西、北道,故号都护。都护之置,自吉始焉。上嘉其效,乃下诏曰:"都护西域骑都尉郑吉,抚循外蛮,宣明威信,功效茂著,其封吉为安远侯。"

《御览》二百

陈嚣

陈嚣,字子公,山阴人也。

《御览》四百十五

嚣与民 一作明。纪伯为邻,伯夜窃嚣地自益。嚣见之,伺伯去后,密拔其藩一丈以益伯。伯觉之惭惧,既还所侵,又却一丈。太守周府君高嚣德义,刻石旌表其闾,号曰义里。

《御览》一百五十七,又四百九十一

同郡车姁年八十余,无子,慕嚣仁义,欲求寄命。嚣以车姁有财,未敢便许,乃咨于长者。长者金曰:"甚宜。"嚣遂迎姁,朝夕定省,如其所亲。出家财以供肴膳,姁以寿终,嚣殡殓毕,皆免其奴,令守姁墓。财物付与姁内外,衣服不入殡者以值椁中,制服三月,由是著名,流称上国矣。

《御览》四百十五

宗正刘向、黄门侍郎扬雄,荐嚣待义可厉簿俗。孝成皇帝特以公车征,嚣时年已七十,每朝请,上每待以师傅之礼。《书钞》五十六引谢承书云:"赐几杖,入朝不趋,赞事不名。以病乞骸骨,以大夫位终。"

《御览》四百七十四

严光

严光,一名遵,《御览》四百九十八。字子陵,与世祖俱受业长安。《御览》九十引作"受学结好"。建武六年,下诏征遵,《御览》九十引云:"建武元年,征光。"《玉海》一百五十九引作"五年"。设乐阳明殿。命宴,会论故旧。累日,拜为谏义大夫。二句,据《御览》九十、又四百九十八引补。莫留宿,遵以足荷上。《御览》引作"以足加帝腹上"。其夜,客星犯天子座甚急，二字，《御览》引有。明旦，太史以闻。上曰："此无异也，昨夜与故人 二字，《御览》引有。严子陵俱卧耳。"

《艺文》一，《书钞》十一，又一百五十

光武尝出南郊，严遵曳长裾，持鹿扇，住立不动，天子下车，揖而别。

《御览》四百七十四

钟离意

郡署意范晔书本传云："字子阿，山阴人。"北部督邮。乌程男子孙常、常弟烈分居，各得田半顷。烈死，岁饥，常以稍米粟给烈妻子，辄追计值作券，没取其田。烈儿长大，讼。掾吏议，皆曰："烈孙男儿遭饥，常赖升合长大，成人而更争讼，非顺孙也。"意独曰："常身为伯父，当抚孤弱，是人道正义。稍以升合，券取其田，怀奸挟私，贪利忘义。烈妻子虽以田与常，困迫之至，非私义也。请常俾烈妻子。"于是，众议无以夺意之理。

《御览》六百三十九

意为堂邑令，县民房广 范书云"防广"。为报父仇，系狱。其母病死，房广痛之，号泣于狱。意为之悽恻，出广见之曰："今欲出若，归家殡敛，有义则还，无义则已。"丞掾谏以为不可，意曰："不还之罪，令自受之。"广临殡毕，即自诣狱。以状表上，诏减死一等。

《御览》六百四十三，《初学记》二十

意为尚书仆射，时匈奴有降者，诏赐缣三百匹。尚书郎暨郑误以三千匹赐之，上大怒，鞭郑殿下，重痛时死。意直排阁，入谏曰："陛下德被四表，恩及夷狄，是以左衽之徒，稽首来服。愚闻刑疑从轻，赏疑从重，今陛下以郑赏误，发霆电之威，海内谓陛下贵微财而贱士命也。"《书钞》五十九引意《别传》云："明帝以意陈合大义，恚损

怒霁,敕大官橡赐酒药。诏谓意曰:'非钟离尚书,朕几误降威于此郎。'"

《御览》六百四十九

郑　弘

郑弘,字巨卿。范书本传云:"字巨君,山阴人。"

《御览》四百三

弘为县宰,又 当作"灵文"。乡啬夫,太守第五伦见弘,问民之得失,深异之也。

《书钞》七十九

弘为灵文乡啬夫,一作"守阳羡君"。乡民有弟用兄钱者为嫂所责,未还,嫂诣弘诉之。弘卖中单,原注:"即今之汗衫也。"为叔还钱,兄闻之惭愧,自系于狱,遣其妇,一作"婢"。赍钱还弘,弘不受。

《御览》四百三,又六百九十一,又四百九十一

弘为郡督邮,上计吏。时计橡句章任尚居素温富,乘鲜车,驾肥马,弘恒在后,尚辄骂,弘无愠容。弘、尚在京师游学,还郡俱见府君。府君所问,弘无不对而尚不知出。又问弘:"橡行道数相折辱,何以不答?"弘谢曰:"过奉显使,无光国之美,马羸行迟,橡恐失期贺,以相催促,自是其宜。愚闻两虎共斗,大者必伤,小者必死,两为无益,故不敢答。"府君叹曰:"此谓长者,太守不能也。"

《御览》四百三

弘为邹令,鲁国当春霜陨杀物,邹县独无霜也。

《书钞》七十八

永平十五年,蝗发泰山,郡国被害,过邹不集。郡以状上,诏书以为不然,"自朕治京师,尚不能攘蝗,邹令何人,而令消弭?"遣案验之。范书本传《注》引谢承书云:"遣使案行,如言也。"

《艺文》一百

151

郑弘迁临淮太守，范书本传云"迁淮阴太守"，刘攽曰："汉无淮阴，当是淮阳，时未为陈国也。"惠栋《后汉书补注》九云："虞预、乐史皆云弘为临淮太守，刘攽臆说，以为当作淮阳，非也。今案《艺文类聚》九十五引谢承书亦作临淮也。"郡民徐宪在丧致哀，白鸠巢户《御览》作"庐"。侧，弘举为孝廉，朝廷称为"白鸠郎"。

《艺文》九十二，《御览》九百二十一

弘拜尚书令。原夺此字，据范书本传补。旧典：郎秩满补县长令史，为丞尉。弘奏以为台职位尊而赏薄，人无乐者，请使郎补县令，令史为长，二字，《御览》引作"房"。上从其议，自此为始。

《艺文》四十八，《御览》二百十二

盛 吉

盛吉，字君达，山阴人。司徒虞延辟西曹掾。时陇西太守邓融以赃罪征诣廷尉，前后考验，历不服。明帝下三府，遣精能掾吏更就弹劾。吉到诏狱，但敕主者供汤沐饮食，不去问事。明日复往，解融桎梏，安徐以情实告："君若无赃，强见诬枉，宜具列辞，当相仲理。如审有罪，不得诬罔国家。"融感吉意，即移辞首服。

《御览》六百四十二

吉历司徒职方，拜侍御史，一月而迁中丞。

《书钞》六十二

盛吉拜廷尉，吉性多仁恩，《书钞》引作"性仁多恩"。务在哀矜。每至冬月，罪囚当断，夜省刑状，其妻执烛，吉手持丹笔，夫妻相向垂泣。已上亦见《书钞》三十九、《御览》二十七、《事类赋注》五、李瀚《蒙求注》中。妻常谓吉曰："君为天下执法，不可使一人滥罪，已上亦见《艺文》四十九、《御览》二百四十一，又六百四。殃及子孙。"所当平决，若无继

152

嗣,吉令其妻妾,得入经营,使有遗类。视事十二年,天下称其有恩。

《御览》二百三十一,又四百九,《初学记》十二

孟　英

孟英,字公房,上虞人,为郡掾吏。王凭坐罪未应死,太守下县杀凭。凭家诣阙称冤,诏书下州检拷,英出定文书,悉著英名。楚毒惨至,辞色不变。言太守病,不关众事,"英以冬至日入占病,因窃印以封文书,下县杀凭,非太守意也"。系历冬夏,骨肉皆消烂,遂不食而死。

《御览》四百二十一

孟　尝

孟尝案尝字伯周,上虞人。范书"循吏篇"有传。仕郡户曹史。上虞有寡妇双,养姑至孝,姑卒病亡。其女言县,以双杀其母。县不断理,结竟言郡,郡报治罪。尝谏以为此妇素名孝谨,此必见诬。固谏不听,遂具狱文书,哭于府门。后郡遭大旱三年,上虞尤甚,太守殷丹下车访问,尝具陈双不当死,诛姑女改葬孝妇。丹如言,天应时雨注。

《御览》六百四十五

梁　宏

梁宏,句章人也。太守尹兴召署主簿。是时楚王英谋反,妄疏天下牧守。谋发,兴在数中,征诣廷尉。宏与门下掾陆续等,传

考诏狱,掠毒惨至,辞气益壮。

《御览》六百四十九

郑 云

云字仲兴,句章人也。学《韩诗》、《公羊春秋》,为主簿。后以刘儁事,狱死。郡以状闻,旌表门闾。案《图经》又云"云与梁宏皆为主簿,俱敦终始之义,州里称之",盖本朱育述虞仲翔封王景兴语,当在育传。

乾道《四明图经》五,宝庆《四明志》五八

谢夷吾

谢夷吾,字尧卿,山阴人也。案:夷吾,范书"方术篇"有传。

《御览》六百三十九

夷吾为郡功曹吏,太守第五伦妻车马入府,无所关启,夷吾鞭功曹佐吏门阑卒,牵舆马出之,收其人从,伦为解之,良久乃已。

《御览》六百四十九

为荆州刺史,行部到南鲁县,遇孝章皇帝巡狩,幸鲁阳。上未见刺史班秩,有诏敕夷吾入,传录囚徒。见长吏勿废旧仪,上临西厢南面,夷吾处东,分推以其事。夷吾省录囚徒有亭长奸部民妻者,县言和奸,上意以为吏劫 一作"奸"。民,何得言和?观刺史决当云何? 顷,一作"须臾"。夷吾呵之曰:"亭长,诏书朱帻之吏,职在禁奸,今为恶之端,何得言和?"切让三老孝弟,一作"长者"。亭长罪。其所决正,一县三百余事与合。章帝叹曰:"使诸州刺史尽如此者,朕不忧天下矣!"特选钜鹿太守。临发陛见,赐车马剑带,敕之曰:"钜鹿剧郡,旧为难治,以君有拔烦之才,故特授任,无毁前功。"

《御览》六百三十九,又二百五十八

154

夷吾转下邳令，预自克死日，如期果卒。敕其子曰："汉末当乱，有发掘露体之祸。"使悬棺下葬，墓不起坟。

（原作"尝"，据范书本传改。）

《御览》五百五十六

董　昆

董昆，字文通，余姚人也。少游学，师事颍川荀季卿，受《春秋》。治律，明达理法。又才能拔烦，县长潘松署功曹史。刺史卢（当作"虞"）孟行部，垂念冤结。松以孟明察于法令，转署昆为狱史。孟到，昆断正刑法，甚得其平。孟问昆本学法令，"所师为谁"？昆对"事荀季卿"。孟曰："史与刺史同师。"孟又问昆从何职为狱史，松具以实对。孟叹曰："刺史学律，犹不及昆。"召之，署文学。

《御览》六百三十八

昆迁廷尉卿，持法清峻，闭门不发私书。

《书钞》五十三,《御览》二百三十一

王　充

王充，字仲任。（范书本传云"上虞人"。）为儿童不好狎侮，父诵奇之，七岁教书数。

《御览》三百八十五

赵　晔

赵晔，字长君，山阴人也。（案：晔有传在范书"儒林篇"。）少为县吏，举檄迎督邮，晔甚耻之。由是委吏，到犍为，诣博士杜抚受《韩

155

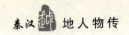

诗》，抚嘉其精力，尽以其道授之。积二十年不还，家人为之发丧制服。至抚卒，晔经营葬之，然后归家。

《御览》五百五十六

董 黯

董黯，字孝治，句章人。家贫，采薪供养，得甘果，奔走以献母，母甚肥说。邻人家富，有子不孝，母甚瘦小。不孝子疾黯母肥，常苦辱之，黯不报。及母终，负土成坟，鸟兽助其悲号。丧竟，杀不孝子，置冢前以祭。诣狱自系，会赦得免。宝庆《四明志》八云："董黯，字叔达，仲舒六世孙也。事母孝。母疾，嗜句章溪水。远不能常致，黯遂筑室溪滨，版舆就养，厥疾乃瘥。比邻王寄之母以风寄，寄忌之。伺黯出，辱其母，黯恨入骨。母死恸切，枕戈不言，一日斩寄首以祭母。自白于官，奏闻。和帝诏释其罪，且旌异行。召拜郎中，不就。由是以慈名溪，以董孝名乡。今子城东南有庙，旧志谓即其故居，则黯本鄮人也。虞翻谓为句章人，据其徒居慈溪言之。"案乾道《四明图经》有唐崔殷撰《董君碣》，不及此详，罗濬所言，未测其本矣。

《御览》三百七十八，又四百八十二，《艺文》三十三

高 丰

高丰，字文林，为鄮县狱。刺史虞孟行部，到旬日，鄮县僻，敕鄮长将囚徒，就所在录见。林被文书，闭狱下篇，不肯送徒。自请见曰："明使君乘法驾骈骖，衔命理冤，当县县而至，今乃遥召囚徒，欲省更烦。盖普天之下，莫非王土，率土之滨，莫非王臣，鄮县非汉地乎？囚徒终不出县，特望朱轩回轮向鄮。"孟遂到鄮。

《御览》六百四十三

任 光

光字景昇，鄮人，为县主簿。时海贼作孽，县令朱嘉将吏人，出战于海渚，为贼所射伤。贼突嘉前，光往，以身障蔽，力战死，嘉获免。宝庆《志》此二字。还邑，出俸厚葬之。

乾道《四明图经》五，宝庆《四明志》八

黄 昌

黄昌案昌字圣真，余姚人，范书"酷吏篇"有传。为蜀郡太守，密捕得盗师一人，悉使疏诸县强盗，密往捕录。其诸小盗，皆原其死，谪作栈道，以代民役。由是道不拾遗，狱至连年无有重囚。

《御览》六百四十三

初，昌为州书佐，妇宁于家，遇贼，遂流转入蜀，为民妻。其子犯法，乃诣昌。昌疑不类蜀人，因问所由，对曰："妾本会稽余姚戴次公女，州书佐黄昌妻也。尝归家，为贼所略，遂至于此。"昌惊呼，前谓曰："何以识黄昌？"曰："昌左足心有黑子，常言当为二千石。"乃出足示之，相持悲泣，还为夫妻。虞聪议引《风俗通》云："黄昌为蜀郡太守，得所失妇，便为正室，使后妇下之。"

《御览》三百七十二，《通典》八十九

王 修

修，句章人也。仕顺帝时，为扬州从事。《图经》引作"汉安二年为鄞县令"。军变，杀历阳太守伊曜，范书"冲帝纪"云："建康元年，扬州刺史尹耀、九江太守邓显，讨贼范容等于历阳。军败，耀、显为贼所殁。"修誓众，奔

157

入贼营,取曜尸葬之,人服其义。

宝庆《四明志》八,乾道《四明图经》五

杨 乔

杨乔案乔字圣达,乌伤人,见范书杨璇传《注》。为右丞,《书钞》六十引谢承书云:"拜尚书侍郎,转左丞。"诣南宫取急案条阁旧事,于复道中逢太常辛柔 原作"羊柔",据《通典》改。不避车。乔纠奏柔,以为知丞,即应行威仪,有叙九列。外官而公干犯,请廷尉治柔罪。诏勿治,以三月俸赎罪。

《御览》六百五十一

杨乔上谏曰:"臣闻之曾子扣舷易水,鱼闻入渊,鸟惊参天。"

《书钞》一百三十七

戴 就

薛安为扬州从事。戴就,字景成,会稽上虞人,案:就有传在范书"独行篇"。为仓曹掾,受赃秽。刺史欧阳操遣安检治,拷覆取实。安乃收就,拷讯五毒。案范书本传云:"就仕郡仓曹掾,扬州刺史欧阳参奏太守成公浮臧罪,遣部从事薛安案仓库簿领,收就于钱塘县狱,幽囚考掠云云。"《御览》删节过当,失其本末。乃以针刺就十手指甲,使令爬土。又烧铁范书云"鋘斧"。令赤,使挟之肘腋,肉焦烂堕地,就乃取而食之,终无款伏。安乃覆就于船两头,烧马粪于船,熏之。火灭,谓就已死,发船视之,乃张目谓其主者曰:"公何不益粪添火,而使绝之何也?"主者乃报安,安大惊,遂引就共坐谈论,乃解其事耳。

《御览》六百四十九引《后汉书》,末注云"《会稽典录》又载"

周　规

周规，字公圆，余姚人。三字见《书钞》三十七。太守唐凤命为功曹。凤，中常侍衡之从兄，恃中官专行贪暴。规谏："明府以负薪之才，受剖符之任，所谓力弱载重，不惟颠蹶。方今圣治在上，不容秕政，明府以教人之职，行桀纣之暴。"凤怒缚规，棰于阁内。凤后果以槛车征。

《御览》四百九十三

规为临湘令，长沙太守丹阳徐祝《御览》二百六十六引华峤《后汉书》作"程徐"，今案当作"抗徐"。范书"桓帝纪"《注》引谢承书云："抗徐，字伯徐，丹阳人。少为郡佐史，特迁长沙太守。"二月行县，以草秽敕除道路，规以妨农作时损夫力，拒而不听。徐以责督邮，规遂弃官而去。华峤书又云："徐怃然有惭色，遣功曹赍印绶，檄书谢，请还。规谓功曹曰：'程府君爱马蹄，不重民力。'径逝不顾。"

《书钞》三十七，又三十二

陈　脩

陈脩，一作"修"。字奉迁，《书钞》作"道"。乌伤人。少为郡幹，受《韩诗》、《穀梁春秋》。家贫为吏，常步儋上下，恒食干糒。每至正腊，僵卧不起，同僚以饮食请，不肯往，《书钞》引作："同僚饮食，虔起不往。"其志操如此。

《御览》三百九十三，又三十三。《书钞》三十八两引，又一百四十六，又一百五十五。《艺文》十五

迁豫章太守，性情洁恭俭，十日一炊，不然官薪。《御览》四百三十一，《书钞》七十五。计月受俸，受米不受钱也。《书钞》三十五，又七十

159

五。厅事席荐，编绝不改，布被覆形，箪瓢蔬食。《书钞》三十八。以郡风俗不整，常卷坐席，唯徐稺、李贽数诣问，乃待以殊礼。应廷育《金华先民传》云："迁合浦太守，大著治声，卒于官舍。合浦民怀其惠，护丧归葬。"

《御览》七百九

沈 勋

沈勋身自耕耘，以供衣食。人有盗获其禾，勋见而避之。明日，夜更收拾，送致其家。盗者惭惧，赍还不受。

《御览》四百九十一，又八百三十九

淳于翼

淳于翼，字叔通，除洛阳市长。桓帝即位，有大蛇见德阳殿上，翼占曰："以蛇有鳞甲，兵之应也。"《续汉书·五行志》注引干宝《搜神记》云："桓帝即位，有大蛇见德阳殿上。洛阳市令淳于翼曰：'蛇有鳞，甲兵之象也。见于省中，将有椒房大臣受甲兵之诛也。'乃弃官遁去。到延熹二年，诛大将军梁冀，捕治宗属，扬兵京师也。"

《开元占经》一百二十

魏 朗

魏朗，字少英，上虞人。案朗，范书在"党锢传"。少为县吏。兄为乡人所杀，朗白日操刀，报仇于县中。遂亡命到陈国，从博士郤仲信学《春秋》、图纬。又诣太学受五经，京师长者李膺之徒争从之。

《御览》四百八十三

朗从太守行春，寝于阁外，感时志激，中夜长叹。府君朝问：

160

"昨叹息者谁?"主簿曰:"书佐魏朗也。"府君由是知朗有凌云之志,转功曹佐,正旦与掾吏上朝。时功曹史顾龛 一作"龛",《书钞》作"吴翁"。被裘以加朝服,朗以裘非臣服,非龛不敬,敕卒撤去。龛恚而不听,以手殴卒,朗右手鸣鼓,左手撤裘以闻。府君曰:"朗当朝正色,有不挠之节。"遂退龛,以朗代之,朗辞病,不就。

《御览》二百六十四,又六百九十四,《书钞》三十七

灵帝即位,窦武、陈蕃等欲诛宦官,谋泄,反为所害。朗以党被征,乃慷慨曰:"丈夫与陈仲举、李元礼俱死,得非乘龙上天乎?"于丹阳牛渚自杀,海内列名八俊。

《御览》四百三十八

陈　业

陈业,少特操。沛国桓俨,当世英俊,避地会稽,闻业高节,欲与相见,终不获。后俨浮南海,入交州。临去遗书与业,不因行李,以系山阴白楼亭柱,二字,据《水经》"浙江水篇"注补。曰:"从容养高,动静履直。季世多艰,爰适乐土。侧闻高风,饥渴话言。知乃深隐,邈然终时。求仁斯得,勤而无憾。齐踪古贤,何其优哉!"

《艺文》三十一

骆　俊

骆俊,字孝远,乌伤人。《吴志·骆统传》注引谢承书云:"俊有文武才干,少为郡吏,察孝廉,补尚书郎。"孝灵皇帝擢拜陈相。汝南葛陂盗贼并起,陈与接境,四面受敌。俊厉吏民,为之保障,出仓见谷,以瞻贫民。邻郡士庶,咸往归之,身损俸禄,给其衣食。民产有子,常救主者,厚致米肉。生男女者,辄以骆为名。谢承书又云:"后袁术军众饥

困，就俊求粮。俊疾恶术，初不应答，术怒，密使人杀俊。"

《御览》二百四十八，又四百四十七。《书钞》五，又三十九

陈　宫

上见天子，郡郎制曰："文左武右。"陈宫乃正中立。上问："此何郡郎，不从行诏？"对曰："有文有武，未知所如。"又问："何施？"答曰："文为颜氏春秋，武为孙吴兵法。"上擢拜大夫。

《书钞》五十六

虞　国

虞国，字季鸿，《御览》引有此句，"国"作"固"。少有孝行，为日南太守，行惠政。《事类赋注》十九引有此句。常有双雁，宿止厅事上，每出行，辄飞逐车。既卒于官，雁逐丧还至余姚，住墓前历三《御览》引作"二"。年乃去。案《书钞》七十五引谢承书有"虞因"，又有"虞国"，乾道《四明图经》、宝庆《四明志》有"陈国"，俱云"迁日南太守"，并是一人，因转写而误。《太平寰宇记》一百七十一云："会稽虞韶为日南太守，即翻之父也。身死归乡，有双雁随棺至会稽，栖于墓，三年乃去。"则又以为虞歆。案《水经》"江水篇"注云："官仓即日南太守虞国旧宅，号曰西虞。以其兄光居县东故也。是地即其双雁送葬故处。"诸书并云"虞国"，《寰宇记》当误。

《艺文》九十一，《御览》九百十七

虞　歆

虞歆，《元和姓纂》云："秦有虞香，香十四代孙意，自东郡徙余姚。五代孙歆，歆生翻。"《吴志》翻传《注》引《别传》云翻初立《易注》，奏上，曰："臣高祖父故

零陵太守光，少治孟氏易。曾祖父故平舆令成，缵述其业。至臣祖父凤，为之最密。臣亡考故日南太守歆，受本于凤，最有旧书。"字文肃。侯康《三国志补注续》云："文肃当作文绣。陈琳《檄吴文》'虞文绣砥砺清节，耽学好古。虞仲翔能负析薪'。《文选·吴都赋》注又作'文秀'。"今案《曾子问》"祝声三"，郑氏注云："噫歆，警神也。"则作"肃"近之。历郡守，节操高厉。魏曹植为东阿王，东阿先有三十碑，铭多非实，植皆毁除之。以歆碑不虚，独全焉。

《书钞》一百二

盛　宪　子匡

盛宪，字孝章。五字，亦见《文选》陈孔璋《檄吴将校部曲文》李善《注》引。初为台郎，常出游，逢一童子，容貌非常。宪怪而问之，是鲁国孔融。融时年十余岁，宪下车执融手，载以归舍。与融谈，知其不凡，便结为兄弟。因升堂见亲，宪自为寿以贺母，母曰："何贺？"曰："母昔有宪，宪今有弟，家国所赖，是以贺耳。"融果以英才炜艳冠世。

《御览》五百四十二，又四百九，又四百四十四。《书钞》八十五

宪器量雅伟，举孝廉，补尚书郎，稍迁吴郡太守，以疾去官。孙策平定吴会，诛其英豪，宪素有高名，策深忌之。初宪与少府孔融善，融忧其不免祸，乃与曹公书曰："岁月不居，时节如流。五十之年，忽焉已至。公为始满，融又过二。海内知识，零落殆尽。惟《文选》有"有"字。会稽盛孝章尚存，其人困于孙氏，妻孥湮没，单子独立，孤危愁苦。若使忧能伤人，此子不得复《选》无此字。永年矣。《春秋传》曰：'诸侯有相灭亡者，桓公不能救，则桓公耻之。'今孝章实丈夫之雄也，天下谭士依以扬声，而身不免于幽执，《选》作"繁"。命不期于旦夕，是《选》无此字。吾祖不当复论损益之交，而朱穆所以绝交也。公诚能持《选》作"驰"。一介之使，加咫尺之书，则

163

孝章可致，友道可弘也。《选》作"矣"。今之少年喜谤前辈，或能讥平孝章，孝章要为有天下大名，九牧之民所共称叹。燕君市骏马之骨，非欲以驰道里，乃当以招绝足也。惟公匡复汉室，宗社将绝，又能正之。正之之术，实须得贤。珠玉无胫而自至者，以人好之也，况贤者之有足乎？昭王筑台以尊郭隗，隗虽小才而逢大遇，竟能发明主之至心，故乐毅自魏往，剧辛自赵往，邹衍自齐往。向使郭隗倒县而王不解，临溺《选》作"难"。而王不拯，则士亦将高翔远引，莫有北首燕路者矣。凡所称引，自公所知，而复据《文选》补。有云者，欲公崇笃斯义也。《选》无此字。因表不悉。"由是征为骑《选》注无此字。都尉，制命未至，果为权所害。子匡奔魏，位至征东司马。

《吴志·孙韶传》注，《文选》孔文举《论盛孝章书》并《注》

徐 弘

徐弘，字圣通，为汝阴令。县俗刚强大姓兼并。弘到官，诛翦《艺文》引作"锄"。奸桀，豪右敛手。商旅路宿，道不拾遗。童《艺文》作"民"。歌之曰："徐圣通，政无双。《艺文》云："为汝阴。"平刑罚，奸宄室（疑作空）。"

《御览》二百六十八，《艺文》十九

弘为右扶风都尉，家无余产，妻子纺绩，衣弊履空，乡人嘉其高操。

《书钞》三十八

陈 瑞

陈瑞，字文象，世《御览》引有此字。为县卒。瑞谦恭敬让，行惟敬谨，及其居二千石九卿位，少年童竖拜者，皆正朝服与之抗礼。

若疾病不能答拜，辄拊颡以谢之。

《初学记》十七，《御览》四百二十三

魏 徽

魏徽，字孔章，三字，《书钞》引无。仕郡为功曹吏。府君贵其名，已上亦见《书钞》七十七。重徽，每拜谒，常跪而待之。

《御览》六百二十四

皮 延

皮延，字叔然，会稽山阴人。养母至孝。居丧，有白鸠巢庐侧，遂以丧终。《御览》九百十七作"终丧"。

《艺文》九十二

伍 贱

余姚伍贱，字士微。父为仓监，失其官谷簿领，罪至于死。贱为执算，检校相当，由是见异，号为"神童"。

《御览》三百八十五

张 京

张京从戎西州，军罢还归，各给牛车。京同里寡母与三子从军，子各物故，见京还，不能自致，悲伤嘘唏。京所载之，"所"字误。牛羸道死，京入辕引轭，妻子单步。

《御览》四百二十一

周 昕

昕字大明,《文选》陈孔璋《檄吴将校部曲文》云"周泰明当世俊彦,德行修明"。少游京师,师事太傅陈蕃。博览群书,明于风角,善推灾异。辟太尉府,举高第,稍迁丹阳太守。曹公起义兵,昕前后遣兵万余人,助公征伐。袁术之在淮南也,昕恶其淫虐,绝不与通。《(孙)静传》云:孙策定诸县,进攻会稽,太守王朗拒于固陵。策用静说,分军夜袭高迁屯。朗遣故丹阳太守周昕等帅兵前战,策破昕等,斩之。

《吴志·孙静传》注

周 喁

初,曹公兴义兵,遣人要喁。《吴志·孙坚传》注云:"喁字仁明,周昕之弟也。"喁即收合兵众,得二千人,从公征伐,以为军师。后与坚争豫州,屡战失利。会次兄九江太守昂为袁术所攻,喁往助之。军败还乡里,为许贡所害。案《魏志·公孙瓒传》云:"术遣孙坚屯阳城拒卓,绍使周昂夺其处。"范书瓒传又作"周昕"。《吴志·孙静传》注引《献帝春秋》云:"袁术遣吴景攻昕,未拔,景乃募百姓敢从周昕者死不赦。昕曰:'我则不德,百姓合罪?'遂散兵还本郡。"今据《典录》所记,并为周喁。盖喁兄弟三人皆与孙氏为敌,故诸书记录往往不能辨析也。

《吴志·孙坚传》注

丁 览 子固

览字孝连,案览山阴人,见《吴志·虞翻传》。八岁而孤,家又单微,清身立行，用意不苟。推财从弟，以义让称。仕郡至功曹，守始平长。为人精微洁净，门无杂宾，孙权深贵待之。未及擢用，会病卒，甚见痛惜，殊其门户。览子固，字子贱，本名密，避滕密改作固。固在襁褓中，阚泽见而异之，曰："此儿后必至公辅。"固少丧父，独与母居，家贫守约，色养致敬。族弟孤弱，与同寒温。翻与固同僚，书曰："丁子贱塞渊好德，堂构克举，野无遗薪，斯之为懿，其美优矣。令德之后，惟此君嘉耳！"历显位，孙休时固为左御史大夫。孙皓即位，迁司徒。皓悖虐，固与陆凯孟宗同心忧国，年七十六卒。（《吴志·虞翻传》裴松之）注又云："子弥字钦远，仕晋至梁州刺史，孙潭光禄大夫。"

《吴志·虞翻传》注

徐 陵 子平

徐陵字元大，案陵太末人，见《吴志·虞翻传》。历三县长，所在著称，迁零陵太守。时朝廷俟以列卿之位，故翻书曰："元大受上卿之位，叔向在晋，未若于今。"其见重如此。陵卒，僮客土田或见侵夺，骆统为陵家讼之，求与丁览、卜清 当作"静"，《吴志·贺邵传》注引《吴录》云："卜静字玄风，吴郡人，终于剡令。"等为比，权许焉。陵子平，字伯先。童龀知名，翻甚爱之，屡称叹焉。诸葛恪为丹阳太守，讨山越，以平威重思虑可与效力，请平为丞。稍迁武昌左都督，倾心接物，士卒皆为尽力。初平为恪从事，意甚薄，及恪辅政，待平益疏。恪被害，子建亡走，为平部曲所得，平使遣去，别为他军所获。平两妇归宗敬奉，情过乎厚，其行义敦笃皆此类也。

《吴志·虞翻传》注

167

虞　翻

翻《吴志》本传云"字仲翔,余姚人"。说嵩 本传注引《吴书》云:"策薨,权统事。定武中郎将嵩,策之从兄也,屯乌程,整帅吏士,欲取会稽。会稽闻之,使民守城,以俟嗣主之命,因令人告谕嵩。"曰:"讨逆明府不竟天年,今摄事统众,宜在孝廉。翻已与一郡吏士婴城固守,必欲出一旦之命,为孝廉除害,惟执事图之。"于是嵩退。

《吴志》本传注

虞　氾

氾字世洪,《吴志·虞翻传》云:"翻有十一子,第四子氾最知名。"生南海。年十六,父卒,还乡里。孙綝废幼主,迎立琅邪王休。休未至,綝欲入宫,图为不轨。召百官会议,皆惶怖失色,徒唯唯而已。氾封曰:"明公为国伊周,处将相之位,擅废立之威,将上安宗庙,下惠百姓,大小踊跃,自以伊霍复见。今迎王未至而欲入宫,如是群下摇荡,众听疑惑,非所以永终忠孝,扬名后世也。"綝不怿,竟立休。休初即位,氾与贺邵、王蕃、薛莹俱为散骑常侍。以讨扶严功,拜交州刺史、冠车将军、余姚侯。寻卒。

《吴志·虞翻传》注

虞　忠

忠字世芳,翻第五子。贞固干事,好识人物。造吴郡陆机于童龀之年,称上虞魏迁于无名之初,终皆远致,为著闻之士。交同县王歧于孤宦之族,仕进先至宜都太守,忠乃代之。晋征吴,忠与

夷道监陆晏、晏弟中夏督京坚守不下,城溃被害。(《吴志·虞翻传》裴松之)注又云:"忠子谭,字思奥。《晋阳秋》称'清贞有检操,外如退弱,内坚正有瞻干,仕晋历位内外,终于卫将军,追赠侍中左光禄大夫,开府仪同三司'。"

《吴志·虞翻传》注

虞耸

耸字世龙,翻第六子也。清虚无欲,进退以礼。在吴历清官,入晋除河间相。王素闻耸名,厚敬礼之。耸抽引人物,务在幽隐孤陋之中。时王歧难耸,以高士所达必合秀异。耸书与族子察曰:"世之取士,曾不招未齿于丘园,索良才于总猥,所誉依已成,所毁依已败,此吾所以叹息也。"耸疾俗丧祭无度,弟昺卒,祭以少牢酒饭而已,当时族党并遵行之。

《吴志·虞翻传》注

虞昺

昺字世文,翻第八子也。少有倜傥之志,仕吴黄门郎。以捷对见异,超拜尚书侍中。晋军来伐,遣昺持节都督武昌。已上诸军事。昺先上还节盖印绶,然后归顺在济阴,抑强扶弱,甚著威风。

《吴志·虞翻传》注

贺齐 子达、景

齐,《吴志》本传云:"字公苗,山阴人。"讨建安贼洪明于盖竹。

戴凯之《竹谱》注

景为灭贼校尉,御众严而有恩,兵器精饬,为当时冠绝,早卒。

达颇任气，多所犯忤，故虽有征战之劳，而爵位不至。然轻财贵
义，胆烈过人。子质位至虎牙将军，景子邵别有传。

《吴志·贺齐传》注

阚　泽

　　阚泽字德润，山阴人也。案：《吴志》有传。初吕一 本传作"壹"。
奸罪发闻，有司穷治，奏以大辟，或以为宜加焚裂，原作"烈"，据本传
改。用彰其恶。吴王以闻泽，泽曰："盛明之世，不宜有此刑。"遂
从之。

《御览》六百三十六

吴　范

　　吴范《吴志》本传云："字文则，上虞人。"与鄱阳太守魏腾少相友善，
腾尝有罪，吴主怒甚，"敢有谏者死"。范谓腾曰："与汝偕死。"腾
曰："死无益，何死为？"范曰："安能虑此？坐观汝耶！"乃髡头自缚
诣阁下，使铃下以闻，铃下不肯曰："必死，不可。"范曰："汝有子
耶？"原夺此字，据本传补。曰："有"。"使汝为吴范死，汝子属我。"铃
下曰："诺。"乃排阁入言，未卒，吴王大怒，欲投以戟，逡巡走出。
范因突入，叩头流血，言与涕并。良久，吴王意释，乃免腾。

《御览》六百四十九

魏　滕

　　滕，《吴志·吴夫人传》注作"腾"，御览作"胜"。卢明楷曰："腾与滕音同，
胜则腾之偶耳。"字周林。《文选》陈孔璋《檄吴文》作"周荣"。祖父河内太守

170

朗,字少英,列在"八俊"。滕行刚直,行不苟合,虽遭困逼,终不迥
桡。《吴志·吴范传》注。初为孙策功曹,以忤意见谴。将杀之,士大
夫忧恐,计无所出。吴太夫人乃倚大井而谓策曰:"汝新造江南,
其事未集,方当优贤礼士,舍过录功。魏公曹在公尽规,钱大昭《三
国志辨疑》三云:"公曹当作功曹,因下文公字而误。"汝今日杀之,则明日人
皆叛汝,吾不忍见祸之及,当先投此井中耳。"策大惊,遽释滕。

《吴志·吴夫人传》注。《御览》二百六十四。《事类赋注》八

历历山、潘阳、山阴三县令,梁章钜《三国志旁证》三十云:"历山当作
历阳,潘阳当作鄱阳,吴时无历山县、潘阳县也。"鄱阳太守。

《吴志·吴范传》注

谢 承 子崇、勖

承字伟平,案承山阴人,见《吴志·谢夫人传》。博学洽闻,尝所知
见,终身不忘。子崇阳威将军,弟勖吴郡太守,并知名。

《吴志·谢夫人传》注

承迁吴郡督邮,岁穰,嘉禾六穗生于部属。

《初学记》二十七

任 奕

任奕字安和,句章人也。为人貌寝,无威仪。案奕以文章著称,见
《朱育传》;有《任子》十卷,见《意林》;余无可考。徐象梅《两浙名贤录》云:"任次
龙名奕,郡将蒋秀请为功曹,谢去,后历官御史中丞。"是误合任旭、任奕为一也。
旭,临海人,见《晋书·隐逸传》。

《御览》三百八十二

虞 俊

余姚虞俊案俊字仲明,见《邵员传》。叹曰:"张惠怒才多智少,华而不实,怨之所聚,有覆家之祸,吾见其兆矣。"诸葛亮闻俊忧温,意未之信,及温放黜,亮乃叹俊之有先见。亮初闻温败,未知其故,思之数日,曰:"吾已得之矣。其人于清浊太明,善恶太分。"

《吴志·张温传》注

邵 员

邵员字德方,余姚人。与同县虞俊邻居,员先不知俊十余年。俊至吴,与张温、朱据等会,清谈干云,温等敬服。于是吴中盛为俊谈,员闻而愧曰:"吾与仲明游居比屋,曾不能甄其秀英,播其风烈,而令他邦称我之杰。"

《御览》四百九十一

谢 渊 兄咨

谢渊字休德,山阴人,其先钜鹿太守夷吾之后也。世渐微替,仕进不济,至渊兄弟,一时俱兴。兄咨字休度,少以质行自立,干局见称,官至海昌都尉。渊起于衰末,《御览》五百十六。少修德操,躬秉耕耒,既无戚容,又不易虑。由是知名,举孝廉,稍迁至建武将军。虽在戎旅,犹垂意人物。《书钞》六十四引已上三句。骆统子名秀,被门庭之谤,众论狐疑,莫能证明。渊闻之叹息,曰:"公绪早夭,同盟所哀。闻其子志行明辨,而被闇昧之谤。望诸夫子烈然高断,而各怀迟疑,非所望也。"秀卒见明,无复暇玷,终为显士,渊

172

之力也。

《吴志·陆逊传》注

钟离牧 子盛绚

牧《吴志》本传云:"牧字子干,忠阴人,汉鲁相意七世孙也。"父绪,楼船都尉。兄骃上计吏,少与同郡谢赞、吴郡顾谭齐名。牧童龀时,号为迟讷。骃尝谓人曰:"牧必胜我,不可轻也。"时人皆以为不然。《吴志》本传注。

《御览》五百十六

高凉贼率仍弩等破略百姓,残害吏民,牧越界讨扑,本传云:"赤乌五年,从郎中补辅义都尉,迁南海太守。"旬日降服。又揭阳县贼率曾夏等众数千人,历十余年,以侯爵杂缯千匹下书购募,绝不可得。牧遣使慰譬,登皆首服,自改为良民。始兴太守芊道与太常滕胤书曰:"钟离子干,吾昔知之不熟,定见其在南海威恩部伍,智勇分明,加操行清纯,有古人之风。"其见贵如此,在郡四年,以疾去职。

《吴志》本传注

牧之在濡须,本传云:还为丞相长史,转司直,迁中书令,出为监军使者,讨平建安、鄱阳、新都三郡山民,封秦亭侯,拜越骑校尉。永安六年,为平魏将军,领武陵太守,平五溪。迁公安督,阳武将军,封都乡侯,徙濡须督。深以进取可图,而不敢陈其策,与侍中东观令朱育宴,慨然叹息。育谓牧曰:"恨于策爵未副。"因为牧曰:"朝廷诸君以际会坐取高官,亭侯功无与比,不肯在人下,见顾者犹以於邑,况于侯也。"牧笑而答曰:"卿之所言,未获我心也。马援有言人当功多而赏薄,吾功不足录,而见宠已过当,岂以为恨?国家不深相知而见害朝人,是以默默不敢有所陈。若其不然,当建进取之计以报所受之恩,不徒自守而已,愤叹以此也。"育复曰:"国家已自知侯,以侯之才,无为

173

不成,愚谓自可陈所怀。"牧曰:"武安君谓秦王云'非成业难,得贤难;非得贤难,用之难;非用之难,任之难。'武安君欲为秦王并兼六国,恐授事不见任,故先陈此言。秦王既许而不能卒,陨将成之业,赐剑杜邮。今国家知吾不如秦王之知武安,而害吾者有过范雎。大皇帝时陆丞相讨鄱阳,以二千人授吾,潘太常讨武陵,吾又有三千人。而朝廷下议弃吾于彼,使江渚诸督不复发兵相继,蒙国威灵自济。今日何为常?当有伪夺。向使吾不料时度宜,苟有所陈,至见委以事,不足兵势,终有败绩之患,何无不成之有?"

《吴志》本传注

朱育谓钟离牧:"大皇帝以神武之姿,欲得五千骑乃有可图,今骑无从出而有进取之志,将何计?"牧曰:"大皇帝以中国多骑,欲得骑以当之,然吴神锋弩射三《御览》引一有"四"字。里,贯洞至四马,《御览》引作"贯洞三四马",一作"洞穿三马"。骑敢近之乎?"

《御览》三百,又三百四十八。《艺文》六十

牧次子盛,亦履恭让,为尚书郎。弟徇领兵为将,拜偏将军,戍西陵。与监军使者唐盛论地形势,谓宜城信陵与建平接,汲古阁本《三国志》作"为建平援"。《嘉泰会稽志》徇传同。若不先城,敌将先入。盛以施绩留建平,智略名将,屡经于彼,钱大昕《诸史拾遗》一云:"陈景云曰:建字衍,因上有建平字而复出也。留平见《孙休传》。平于永安六年以平西将军率众围巴东,数月乃还,其经信陵者屡矣。"无云当城之者,不然徇计。后半年,晋果遣修信陵城。晋军平吴,徇领水军督,临阵战死也。

《吴志》牧传注

卓 恕

卓恕字公行,上虞人。恕为人笃信,言不宿诺,与人期约,虽

遭暴风疾雨,雷电冰雹,无不必至。尝从建业还家,辞太傅诸葛恪,恪问:"何当复来?"恕答曰:"某日当复亲觐。"至是日,恪欲为主人,停不饮食,以须恕至。时宾客会者皆以为会稽、建业相去千余里,道阻江湖,风波难必,岂得如期?须臾恕至,一座尽惊。

《御览》四百三十,又四百九

朱 育

孙亮时有山阴朱育,潘眉《三国志考证》八云:"育字嗣卿,见《唐书·艺文志》。"少好奇字。凡所特达,依体像类,造作异字千名以上。《隋书·经籍志》云:"梁有《异字》二卷,朱育撰,亡。"侯康《补三国艺文志》云:"汗简屡引朱育《集字》,或云'集奇字',或云'集古字',或云'字略',盖皆出此书也。"仕郡门下书佐,太守濮阳兴正旦宴见掾吏,言次,问:"太守昔闻朱颖川问士于郑召公,韩吴郡问士于刘圣博,王景兴问士于虞仲翔,尝见郑、刘二答而未睹仲翔封也。钦闻国贤,思睹盛美有日矣,书佐宁识之乎?"育封曰:"往过习之,昔初平末年,王府君以渊妙之才超迁临郡,思贤嘉善,乐采名俊。问功曹虞翻曰:'闻玉出昆山,珠生南海,远方异域,各出珍宝。且曾闻士人叹美《掇英集》引作"羡"。贵邦,旧多英俊,徒以远于京畿,含香未越耳。功曹雅好博古,宁识其人耶?'翻封曰:'夫会稽上应牵牛之宿,下当少阳之位,东渐巨海,西通五湖,南畅无垠,北渚浙江。南山攸居,实为州镇。昔禹会群臣,因以命之。山有金木鸟兽之殷,水有鱼盐珠蚌之饶。海岳精液善生俊异,是以忠臣继《集》作"系"。踵,孝子连闾。下及贤女,靡不育焉。'王府君笑曰:'地势然矣,士女之名可悉闻乎?'翻对曰:'不敢及远,略言其近者耳。往者孝子句章董黯尽心色养,丧致其哀,单身林野,鸟兽归怀。怨亲之辱,白日报仇,海内闻名,昭然光著。太中大夫山阴陈嚣,渔则化盗,《艺文》九十六引谢承书云："嚣少时于郭外水边捕鱼，人有盗者，嚣见，避于草中。追以鱼遗之，盗惭不受，自后无复取焉。"居则让邻，感侵退藩，遂成义里。摄养车姬，行足厉俗，自杨子云等上书荐之，粲然传世。太尉山阴郑公，案：谓郑弘。清亮质直，不畏疆御。鲁相山阴钟离意，禀殊特之姿，孝家忠朝，宰县相国，所在遗惠，故取养有君子之誉，鲁国有丹书之信。干宝《搜神记》云："永平中，意为鲁相，到官出私钱万三千文，付户曹孔诉修夫子车，身入朝，拭几席剑履。男子张伯除堂下草，土中得玉璧七枚，伯怀其一，以六枚白意。意令主簿安置几前。孔子教授堂下床首有悬瓮，意召孔诉问：'此何瓮也？'对曰：'夫子瓮也，背有丹书，人莫敢发也。'意曰：'夫子圣人，所以遗瓮，欲以悬示后贤。'因发之，中得素书，文曰：'后世修吾书董仲舒，护吾车、拭吾履、发吾笥，会稽钟离意。璧有七，张伯藏其一。'意即召问：'璧有七，何藏耶？'伯叩头出之。"及陈宫、费齐，皆上契天心，功德治状，记在汉籍。有道山阴赵晔，征士上虞王充，各洪才渊懿，学究道源。著书垂藻，骆驿百篇，释经传之宿疑，解当世之盘结。或上穷阴阳之奥秘，下撼人情之归极。交趾刺史上虞綦毋俊拔济一郡，让爵士之封。林宝《元和姓纂》云："后汉綦毋俊为会稽主簿，因居焉。"欧大任《百越先贤志》二引黄恭《交广记》云："綦毋俊，会稽上虞人也。少治《左氏春秋》。永初中，举孝廉，拜左校令，出为交趾刺史。元初三年，合浦蛮夷反叛，遣侍御史任连督州郡兵讨之，俊保障苍梧，乃往戎行，所向摧靡。功当封赏，上书归功命使，自谓致寇当诛。安帝下诏美之。"决曹掾上虞孟英，三世死义。《论衡·齐世篇》云："会稽孟章父英，为郡决曹掾。郡将抶杀非辜，事至覆考，英引罪自予，卒代将死。章后复为郡功曹，从役攻贼，兵卒北败，为贼所射，以身代将，死卒不去。"又《御览》三百五十七引谢承书云："孟政字子节，地皇六年为府丞虞卿书佐。时太守缺，丞视事，毗陵有贼，丞讨之。未到县，道路逢贼，吏卒迸散，政操刀楯，与贼相击，丞得免难，政死于路。"案：地皇为王莽年号，当在孟英之先。其后又有孟尝为汉循吏，故范书本传云：其先三世为郡吏，并伏节死难也。主簿句章梁宏、功曹史余姚驷勋、主簿句章郑云，皆敦终始之义，引罪免居。范书《陆续传》云："楚王英谋反，阴疏天下善士。事觉，有太守尹兴名，乃与主簿梁宏、功曹史驷勋及掾吏五百余人诣洛阳诏狱就考。诸吏死者大半，惟续、宏、勋掠考五毒，肌肉消烂，终无挠辞。"郑云已见上卷，然谓"狱死"，与此云"引罪免居"不同。门下督盗贼余姚伍隆、鄮原注"莫侯反"。主簿任光、章安小吏黄他，《文选》阮嗣宗《劝进表》注引谢承书云："黄他求没，将投骸虏廷。"疑非一人。身当白刃，济君于难。扬州从事句章王修，委身授命，垂声来世。河内太守上虞魏少英，遭世屯蹇，忘家忧国，列在八俊，为世英彦。尚书乌伤杨乔，桓帝妻以公主，辞疾不纳。范书《杨璇传》云："兄乔为尚书，容仪伟丽，数上书言政事。桓帝爱其才貌，诏妻以公主。乔固辞不听，遂闭口不食，七日而死。"近故太尉上虞朱公，案朱俊字公伟，范书有传。天姿聪亮，钦明神武，策无失谟，征无遗虑，是以天下义兵思以为首。上虞女子曹娥，父溺江流，投水而死，立石碑纪，炳然著显。'王府君曰：'是既然矣。颍川有巢许之逸轨，吴有大伯之三让，贵郡虽士人纷纭，于此足矣。'翻封曰：'故先言其近者耳，若乃引上世之事及抗节之士，亦有其人。昔越王翳让位，逃于巫山之穴，越人熏而出之，斯非大伯之俦耶？且太伯外来之君，非其地人也。若以外来言之，则大禹亦巡于此而葬之矣。鄮大里黄公，钱大昕《三国志考异》三云："《陈留志》：夏黄公姓崔名广，字少通，齐人，隐居夏里修道，故号曰夏黄公。仲翔以为会稽鄮人，仲翔去西京未远，当得其实。"案《晋书·夏统传》载统对贾充问会稽土地人物，亦云"其人循循，犹有黄公之高节"，与虞君说同。《陈留志》所记姓名里居，并出方士妄作，不足据。洁己暴秦之世。高祖即祚，不能一致，惠帝恭让，出则济难。征士余姚严遵，钱仪吉《三国志证闻》下云："遵字君平，岂于先贤之名，亦有误乎？范史云'一名遵'，亦惑于此语耳。"案钱氏盖谓子陵当名光，不名遵也。然汉人往往有二名者，无以决த争之必误。王莽数聘，抗节不行，光武中兴，然后俯就，矫手《会稽续志》引作"首"。不拜，志陵云日。皆著于传籍，较然彰明，"鄮大里黄公"至此已上，亦见宝庆《会稽续志》七。岂如巢许，流俗遗谭，不见经传者哉？"王府君笑曰："善哉话言也！贤矣，非君不著。太守未之前闻也。"

濮阳府君曰:"御史所云,既闻其人,亚斯已下,书佐宁识之乎?"育曰:"瞻仰景行,敢不识之? 近者太守上虞陈业,絜身清行,志怀霜雪,贞亮之信,同操柳下。遭汉中微,委官弃禄,遁迹黔歙,以求其志,高邈妙踪,天下所闻。故桓文遗之尺牍之书,比竟三高。案"桓文"下当有"林"字。《水经》"浙江水篇"注云:"沛国桓俨避地会稽,闻业履行高洁,往候不见。后俨浮海,南入交州,临去遗书与业,不因行李,系白楼亭柱而去。"范书《桓荣传》云"桓晔字文林,一名严",亦见上卷业传。"比竟三高",未详。《官本三国志考证》云:"疑指上所引越王翳、黄公、严遵而言,然与业行迹不类,恐非。"其聪明大略,忠直謇谔,则侍御史余姚虞翻、偏将军乌伤骆统。案统字公绪,《吴志》有传。其渊懿纯德,则太子少傅山阴阚泽,学通行茂,作帝师儒。其雄姿武毅,立功当世,则后将军贺齐,勋成绩著。其探极秘术,言合神明,则太史令上虞吴范。其文章之士,立言粲盛,则御史中丞句章任奕、汲古阁本《三国志》作奕。鄱阳太守章安虞翔,各驰文檄,晔若春荣。处士邓卢叙,弟犯公宪,自杀乞代。《嘉定赤城志》三十二云"邓卢叙居章安",钱大昕《三国志考异》三云:"邓非会稽属县,当是鄮字之伪。乾道《四明图经》亦以为鄮人,惟卢作虞为异,二字形相涉。正史固多舛误,《图经》亦传写之本,未能决其是非也。"吴宁斯敦、山阴祁庚、上虞樊正,咸代父死罪。应廷育《金华先民传》云:"斯敦,乌伤人,父伟为廷尉,失议当坐死。敦叩阍泣血,请以身代。吴王嘉其孝,赦伟罪,仍旌其门,俗因呼其葬处为孝义坟。"其女则松杨 当作"松阳",今处州松阳县也。柳朱、永宁瞿素,《官本三国志考证》云"瞿一作翟"。案《艺文》三十五引皇甫谧《列女后传》云:"会稽翟素,受聘未及配,适遭贼欲犯之,临之以白刃,素曰:'我可得而杀,不可得而辱。'素婢名青,乞代素,贼遂杀素。复欲犯青,青曰:'向欲代素者,恐被耻获害耳,今素已死,我何以生为?'贼复杀之。"《初学记》、《御览》引亦并作"翟","瞿"字当误。或一醮守节,丧身不顾,或遭寇劫贼,死不亏行。皆近世之事,尚在耳目。"府君曰:"皆海内之英也。吾闻秦始皇二十五年,以吴越地为会稽郡,治吴。汉封诸侯王,以何年复为郡,而分治于此?"育对曰:"刘贾为荆王,贾为英布所杀。

又以刘濞为吴王,景帝四年,濞反诛,乃复为郡,治于吴。元鼎五年,除东越,因以其地为冶,并属于此,而立东部都尉,后徙章安。阳朔元年,又徙治鄞,或有寇害,复徙句章。侯康《后汉书补注续》云:"《宋书·州郡志》:会稽东部都尉,前汉治鄞,后汉分会稽为吴郡,疑都尉徙治章安也。朱育言阳朔以前徙章安,其说未可信。阳朔,成帝年号,章安则光武所置县,何得阳朔时已徙于此?且章安即治,更名都尉即治冶矣,奚容更徙?当以沈《志》为正。至谓初治冶又徙句章,或亦可与沈《志》参观也。"到永建四年,刘府君上书,浙江之北,以为吴郡,会稽还治山阴。案《水经注》云:"永建中,阳羡周嘉上书以县远,赴会至难,求分置,遂以浙江西为吴,以东为会稽。"又以《元和郡县志》云:"永建四年,阳羡令周喜、山阴令殷重上书求分为二郡。"并与育说异。自永建四年岁在己巳,以至今年,积百二十九岁。"府君称善。是岁,吴之太平三年,岁在丁丑。育后仕朝,常在台阁,为东观令,遥拜清河太守,加位侍中,推剌占射,文艺多通。

《吴志·虞翻传》注,孔延之《会稽掇英总集》二十,又散见《会稽三赋》周世则注

贺　邵

贺邵字兴伯,山阴人也。案《吴志》有传,注引《吴书》云:"贺邵,齐之孙,景之子。"为人美容止,《御览》一作"姿容"。正其衣冠,尊其瞻视,动静有常,与人交久而《艺文》引作"益"。敬之。至在官府,左右莫见其洗沐。二字《御览》引一作"跣"。坐常著袜,希见其足。

《御览》四百九,又三百八十九,又六百九十七。《书钞》一百三十六。《艺文》七十

夏　方

夏方字文正,《晋书》"孝友篇"本传云"永兴人"。家遭疫疠,父母伯

叔,一时死凡十三丧。方年十四,昼则负土哀号,莫则扶棺哭泣。比葬,年十七。本传云:"十有七载,葬送得毕。"乌鸟集聚,猛兽乳其侧。本传又云:"吴时拜仁义都尉,累迁五官中郎将。吴平,除高山令。百姓有罪,应加捶挞者,方向之涕泣而不加罪,大小莫敢犯焉。在官三年,州举秀才,还家卒。年八十七。"

《御览》九百十四

夏 香

夏香字曼卿,永兴人也。为农夫。香挺然特立,明果独断。年十五,县长葛君出临虚星,会客饮宴。时郡遭大旱,香进谏曰:"昔殷汤遭旱,以六事自责,而雨泽应澎。成王悔过,偃禾复起。先圣畏惧天异,必思变复,以齐民命。今始罹天灾,县界独甚,未闻明达崇殷周之德,临祭独欢,百姓枯瘁,神祗有灵,必不享也。百姓不足,君孰与足?宜当还寺。"长即罢会,身捐俸禄,以瞻饥民。

《艺文》一百

香门侧有大井,旁设水罂,一作"上有瓦盆"。里中儿童各竞饮水,一作"牛"。争水共斗。香豫为汲水,多置器罂,一作"盆器"。由是无争,专以德化。香至四节,先庆酌二亲,退赏酒肴,劳问里中父老,以此为常。

《御览》四百三,又四百九十六

有盗刈其稻者,香助为收之,盗者惭送以还香,香不受。

《艺文》八十五,《御览》八百三十九

香历任邑长,皆有声绩。

《会稽三赋》周世则注

张　立

张立之为人刚毅,志意慷慨。太祖尝抑之曰:"尔不念诗书慕圣道,而好乘汗马击剑,此一夫之用,何足贵也?"谓左右曰:"丈夫一为卫霍,将十万驰沙漠,驱戎狄,立功建号耳!何能作博士耶?"

《御览》二百七十六

朱　朗

朱朗字恭明,《会稽三赋》周世则注云"永兴人"。父为道士,淫祀不法,游在诸县,为乌伤长陈颥所杀。朗阴图报怨,而未有便。会颥以病亡,朗乃刺杀颥子,事发奔魏。魏闻其孝勇,擢以为将。案:春秋之义,当罪而诛不言于报,匹夫之怨止于其身。今朗父不法,诛当其辜,而朗之复仇乃及胤嗣,汉季大乱,教法废坏,离经获誉,有惭德已。岂其犹有美行,足以称纪?传文零散,本末不具,无以考覆。虞君之对,所未详也。

《御览》四百八十三

唐　庠

唐庠,字汉序。三国鼎峙,年兴兵革,士以弓马为务,家以蹴鞠为学。于是名儒洪笔,绝而不续。

《御览》七百五十四

张　谀

张谀字彦承,上虞人也。与同乡丁孝正相亲。葬送过制,谀书难之曰:"吾闻班固善阳孙之省葬,恶始皇之饰终。夫倮以矫

181

世,君子弗为,若乃据周公之定品,依延州而成事,取中庸以建基,获美称于当世,不亦优哉!"

《御览》五百五十六

虞 伦

虞伦字孝绪,余姚人也。与骆瑗为弹冠之友。

《御览》四百九

曹 娥

孝女曹娥者,上虞人。父盱能抚节按歌,婆娑乐神。汉安二年五月五日于县江 七字据《艺文》引补。迎伍君神,泝涛而上,为水所淹,不得其尸。娥年十四,号慕思盱,乃投瓜于江,存其父尸曰:"父在此,瓜当沈。"旬有七日,瓜偶沈,"娥年十四"至此已上,《艺文》、《御览》引并作"缘江号哭,昼夜不绝声七日。"遂自投于江而死。三日后,与父尸俱出。二句据陈元靓《岁时广记》二十三引补。《事类赋注》四引作"数日抱父尸出"。范书本传不载。县长度尚悲怜其义,为之改葬,命其弟子邯郸子礼为之作碑。

《世说新语·捷悟篇》注,《艺文》四,《御览》三十一,《嘉泰会稽志》十

上虞长度尚弟子邯郸淳字子礼,时甫弱冠而有异才。尚先使魏朗作曹娥碑,文成未出。会朗见尚,尚与之饮宴,而子礼方至督酒。尚问朗碑文成未?朗辞不才。因试使子礼为之,操笔而成,无所点定,朗嗟叹不暇,遂毁其草。其后蔡邕又题八字曰:"黄绢幼妇,外孙齑臼。"

《后汉书》本传注

孟 淑

孟淑上虞人也，父质中郎将。淑年十七，当出适，聘礼既至，为盗所劫。淑祖父操刃对战，不敌见害。淑思慕哀恸，憔悴毁形。以致盗由已，乃喟然叹曰："微淑之身，祸诚不生，以身害祖，苟活何颜？"于是遂自经而死。

《御览》四百四十一

彭 山

彭祖所隐居之城。

《会稽三赋》周世则注

骠骑山

张意，汉世祖时为骠骑将军。子齐方，《四明志》引作"芳"。历中书郎，李慈铭《越缦堂日记》云："中书郎魏吴始有之，东汉止有尚书郎，且少二字名，齐芳之名不似当时人也。"曾隐于此山，因名。

《舆地纪胜》十一，《宝庆四明志》十六，《延祐四明志》七

女几山

葛仙翁于女几山凭白桐木几，学道数十年。白日登仙。几化为白麂，《御览》引作"白虎"。三脚两头，人往往见之。

《事类赋注》十四，《御览》七百十

散 句

吞舟之鱼不唼鰕蟹，熊虎之爪不剥狸鼠。

傅弘《蟹谱》上

江东五俊。《史通·采撰篇》云："江东五俊始自《会稽典录》。"案《晋书·薛兼传》："兼丹阳人，与同郡纪瞻、广陵闵鸿、吴郡顾荣、会稽贺循齐名，号为五俊。"亦见《御览》四百九十五，又四百四十三引《晋中兴书》，五人皆与虞君同时，则《典录》所载，且下及并世矣。

李陵。

《古今同姓名录》云："七李陵，一出《会稽典录》。"

存 疑

陈 嚣

陈嚣字君期，京师谚语曰："关东说《诗》陈君期。案山阴陈嚣字子公已见上卷，又朱育述虞翻对王朗问亦不云治《诗》，疑有误。"

《书钞》一百引《典录》

沈 丰

沈丰字圣通，会稽乌程人。永平中为郡主簿，迁零陵太守。为政慎刑重法，罪人词讼，初不历狱，嫌疑不决，一断于口，鞭扑不举，市无刑戮。僚友有过，亦不暴扬，有善必述曰："太守所不及也。"在官七年，建初间有紫芝甘露之瑞，论者以为皆丰治化之应

也。出欧大任《百越先贤志》三,注云:"《会稽典录》《楚纪》参修。"
案永建以前,吴会虽未分而浙江以西士女,《典录》不载,虞翻、朱育对亦不及之。
欧氏盖本谢承书及《东观记》,见《艺文》九十八,《御览》十二,又二百六十引,非
出《典录》。

贺　纯

　　贺纯字仲真,会稽人,先庆氏也。少即博极群艺,十辟公府,
三举贤良,不至。后征拜议郎侍中。时避安帝父讳,改姓为贺。
数陈灾异,上便宜数十事,多见省纳,迁江夏太守。徐州牧齐、中
书令邵,皆其后也。出《百越先贤志》三,注云:"据《会稽典录》《元
和姓纂》参修。"案《姓纂》云:"后汉庆仪为汝阴令,庆普之后也。曾孙纯避汉
安帝父讳,始改贺氏。孙齐吴大将军,齐孙中书令劭。"《典录》未见他书称引,唯
范书《李固传》注引,谢承书与《先贤志》余语多同,疑即欧氏所本。

沈　震

　　沈震字彦威,乌程人。十岁遭饥荒,忽中夜有人告震曰:"西
篱下,地中有米五十石,可供养旦夕。"即掘之,果获焉。《御览》四
百十一。案《御览》引此条,次《典录》"虞国"之后,题云"又曰沈震云云",疑本
是别书,因其前阙失数行,遂与《典录》相附。

两浙名贤录[*]

明·徐象梅

儒 硕

功曹王仲任充

王充，字仲任，上虞人，少孤，乡里称孝。既长，卒业太学，师事班彪。家贫无书，尝游市肆阅书，一见辄能诵忆，遂博通百家言。后归乡里，屏居教授，仕郡为功曹，以数谏诤不合去。乃闭门潜思，绝庆吊之礼，户牖墙壁各著刀笔，著《论衡》八十五篇，破经传宿疑，解当世盘结。蔡邕至吴，始得之，恒秘之帐中，以为谈助。同郡谢夷吾上书荐之，待诏公车，征不行，时年七十余矣。复作《养性书》十六篇，永元中卒。

有道赵长君晔

赵晔，字长君，山阴人。少尝为县吏，奉檄迎都邮，晔耻之，遂

---

* 明·徐象梅《两浙名贤录》，《续修四库全书》本，上海古籍出版社。本书节其秦汉部分，施以标点。

186

弃车马去，到犍为，诣杜抚，授韩诗，究竟其术。积二十年，绝问不还，家为发丧制服。晔卒业，乃归。州召补从事，不就，后举有道，卒于家。著《吴越春秋》《诗细》《历神渊》。蔡邕至会稽，读《诗细》而叹息，以为长于《论衡》，既还京师，为学者诵而传之。

太常方圣明储

方储，字圣明，丹阳郡人（即今淳安县）。尝讲孟氏易，旁精图谶。建初四年，举孝廉，召见，试解梦丝，储曰："凡乱，必剪之而后理"，遂拔剑斩断，天子壮之，除郎中，出令句章，历阜陵、阳翟二县。遭母丧，负土成坟，哀毁过礼，致鸾凤紫芝白兔之瑞。元和初，举贤良方正，对策第一，拜议郎转洛阳令，加太常。永元五年，郊祀，储言天将有变，宜更择日。和帝不从，其日风景明淑，诏责其欺罔，因饮鸩自杀。须臾，雹如斗，死者千计，使召储，已死矣。追赠尚书令，封黟侯，为归其丧。宋明帝祀以太牢，加赠龙骧将军，洛阳郡公。

孝　友

颜孝子乌

颜乌，乌伤人也。事亲孝，父亡，负土成坟，群乌??土助之，乌吻皆伤，因以名县。墓在县东四里，乾道中，邑令林元仲尽还民侵地，而修其茔域。邑人何恪为撰碑记，且系之词曰："由汉迄今余千春，锢铜斲漆知几坟。陵谷变迁不可寻，颜氏有阡巍然存。孝肉顺骨世所尊，马鬣蓬颗几何分。乌兮无知犹能驯，肯有襟裾忘其亲。因以名县淑其民,为之长者宜益敦。一本抔土或见侵,曾禽不如何足人?"淳祐元年,魏学士了翁为篆题表之曰:"秦颜氏乌伤墓"。

董征君黯

董黯,字叔达,鄞人,汉江都相仲舒六世孙也。家贫,早失怙,事母尽孝。母疾,嗜大隐溪水,远不能常致,黯筑室溪滨,极与就养,阙疾遂瘳。邻王寄家甚富,纵酒无行。二母相见,各言其子。寄闻而喃之,伺黯出,欧其母,黯还而母在床。黯跪而言曰:"黯不孝,及母之忧乎?"曰:"非也,我失言致王寄辱耳。"后竟不起。黯哀毁,负土,既葬,庐于墓,枕戈不言。俟王母卒,毕葬事,乃斩寄头祭母墓,自囚以告有司。事闻和帝,诏释其罪,且旌其异行。召拜郎中,不就而卒。由是以慈名溪,以溪名县。吴虞翻称之云:"尽心色养,丧致其哀。卑身林野,鸟兽归怀。怨亲之辱,白日报仇。海内闻名,照然光著。"宋祥符间,锡号纯德征君。

王孝廉谈

王谈,乌程人。年十岁,父为邻人宝度所杀,谈有复仇志,密市利铧伺度,卒杀度而归罪有司。太守孔巖义其孝勇,列上宥之。和帝元兴中,举孝廉,不应,终于家。

孙 钟

孙钟,富春人,坚父也。性至孝,种瓜为业以养母。忽有三年少,容服妍丽,诣钟乞瓜,钟为设瓜具饮,三人临去,曰:"我等司命

郎也,重君之孝,将以佳地相与,欲连世封侯,欲数世天子?"钟曰:
"数世天子,故当所乐。"因为钟定葬地,出门悉化为白雀飞去,遂
葬其母。已而生坚,坚生策、权。权改建国为吴,传亮、休、皓,凡
四世五十九年,卒如司命之言。

张孝廉武

张武,由拳人。武幼时,父蒙为郡掾,送太守妻子还乡,至河
内遇盗战死。武少长,奉遗剑求父死所,祭泣濒绝,悲感路人。太
守第五伦嘉其行,举孝廉。遭母丧过毁,寻卒。

沈 瑜 弟仪附

沈瑜,乌程人,与弟仪少有志行。瑜十岁,仪九岁,父亡,居丧
毁瘠,过于成人。外祖盛孝章抚慰之曰:"汝竝黄中通理,终成奇
器,何遽逾制,自取毁灭耶?"瑜竟以毁故早夭。仪博学有雅才,以
儒素自业,守道不移。

费萧令汎 子凤附

费汎,吴兴人,以孝友闻,历官至萧令,在邑多善政,蝗不入
境。子凤言不失典术,行不越矩度。安帝时,举孝廉,拜郎中,义
行卓然,为一世所宗。

忠　烈

郾簿任景升光

任光,字景升,郾人,为县主簿。时海寇作孽,县长朱嘉部众出战,为流矢所伤,贼突嘉前,挥刃斫之,光奋身捍嘉,力战而死。嘉获免归治,出俸厚葬之,为之改服。

庐江太守陆季宁康

陆康,字季宁,续少子褒之子也。少惇孝弟,勤修操行,太守李肃察孝廉。肃后坐事伏诛,康敛尸送丧还颍川,行服礼终。举茂才,除高城令,高城边陲,长令至辄发民缮城,又令户一人,具弓弩,备不虞,康皆罢遣,民大悦。康以恩信为治,盗亦屏息。州郡上状,迁武陵太守,转桂阳、乐安二郡,所至称之。灵帝欲铸铜人,诏敛民田亩十钱。时水旱荐臻,百姓贫苦。康抗疏论谏,免归。后征拜庐江太守,申明赏罚,击破贼党黄穰。献帝时,天下乱,康遣孝廉计吏,蒙险奉贡,诏书嘉劳,拜忠义将军,秩中二千石。时袁术屯寿春,粮绝,遣求兵甲,康以其畔逆,闭门不纳,设备待之。术怒,遣孙策攻康,围城数重,康固守,受敌二年,力尽城陷,不辱而死。朝廷悯其节,拜子俊为郎,少子绩,自有传。

独 行

富春公钱让

钱让,彭祖五十世孙也,世居吴兴。时吴郡太守薛固为法吏所枉,诏付廷尉,让携同郡娄县卞崇,诣阙称冤。廷尉收让拷竟,楚毒备至,而让辞色不挠,遂囚于圜土,守之以兵。让恬然自若,枉声弥厉,天子奇其节而用之,积功封富春公,食邑五千户,卒,谥曰哀。

陈嚣

陈嚣,山阴人也。与纪伯为邻,窃嚣藩地以自益,嚣不较,益徙地与之。伯惭悔,归所侵地,嚣辞不受,遂为大路。鸿嘉中,太守周尹刻石旌之,号曰"义里"。吴虞翻尝称其"渔则化盗,居则让邻,感侵退藩,遂成义里"。今俗称"让簹街"云。

仓曹掾戴景成就

戴就,字景成,上虞人,仕郡仓曹掾。扬州刺史欧阳参奏太守朱公浮赃罪,遣部从事薛安收就于钱塘狱,幽囚拷掠,五毒参至,就慷慨直辞,颜色不变。主者穷极惨酷,无复余方,至卧就覆舩下,以马通薰之,一夜一日,皆谓已死,发舩视之,就方张眼,骂曰:"何不益火,而使灭绝。"主者白安,安呼见就,谓曰:"太守罪秽狼籍,受命拷实,君何故以骨肉拒扦耶?"就据地答言:"太守剖符,大

191

臣当以死报国。卿虽衔命，固宜中断冤毒，奈何诬枉忠良，强相掠理，令臣谤其君，子证其义。就考死之日，当白于天，如蒙生全，亦手刃相裂。"安奇其状节，即解械，表释郡事，浮征还京师。后太守刘宠举就孝廉，病卒。

太尉郑巨君弘

郑弘，字巨君，山阴人。少为乡啬夫，太守第五伦行春，见而奇之，召署督邮，举孝廉。弘师同郡河东太守焦贶，楚王英谋反发觉，连及贶。贶被收捕，疾病道亡，妻子被系。诏狱掠拷连年，诸生故人，惧相连及，皆改变名姓，以逃其祸。弘独诣阙上章，为贶讼罪，显宗觉悟，即赦其家属。弘躬送贶丧及妻子还乡里，由是显名，拜为邹令。政有仁惠，民称苏息，迁淮阴太守。元和初，拜太尉。弘前后所陈，有补益王政者，皆著之南宫，以为故事。

主簿郑仲兴云

郑云，字仲兴，宁波人。学韩诗、公羊春秋，与梁宏俱为吴郡太守尹兴主簿。兴以楚王英谋反事觉，被收，并云下洛阳狱。云笃始终之义，明兴非辜，不以拷掠诬服，竟狱死。后使者以陆续母具食事，阴嘉之，上书说行状，乃赦兴等，放还乡里，禁锢终身。云既死，乃旌表门闾。

主簿梁宏

梁宏，少隐海隅，有盛名。吴郡太守尹兴辟为主薄。楚王英谋反，阴疏天下善士。及事觉，显宗得其录，有尹兴名，乃征诣廷尉狱。宏与门下掾陆绩、功曹史驷勋及掾吏五百余人,诣洛阳狱就考,诸吏不堪痛楚,死者大半,惟宏与绩、勋拷掠,肌肉消烂,终无异辞,后以陆绩事得释,放归田里。

杨尚书乔

杨乔,本河东人,高祖茂从光武为威寇将军,封乌伤新阳乡侯,建武中就国,传三世,以罪国除,因家焉。父扶字圣仪,为武源令,迁交趾刺史。乔为尚书,仪容伟丽,数直言政事,尝疏荐合浦孟尝异政。窦武表荐张稹及乔等,文质彬彬,明达国典。桓帝爱其才,诏妻以公主,固辞不听,遂闭口不食,七日卒。方孝孺赞曰:"人之器量,有小有大,或盗一钱,或让天下。天下虽大,一钱之积,观其用心,大者可识。吾谓杨乔可为三公,屈以非义,万钟不从。曷由知之?有大人节。帝女不娶,利岂能夺?其中所重,在义与道。视卓操辈,穿窬之盗,伊谁可?方孺子之伦,永言尚友,卓哉二人。"

高孔文岱

高岱,字孔文,吴郡会稽人也。受性聪达,轻财贵义,其友士拔奇,取于未显,太守盛显举上计孝廉。许贡来领郡,与盛有郤,岱将宪避难于许昭家,身往求救于陶谦。谦未即救,岱憔悴泣血,水浆不入口。谦感其忠壮,有申包胥之义,许为出军,先以书与贡。岱得谦书以还,而贡以囚其母。吴人大小皆为危悚,以贡宿愤,往必见害。岱言在君则为君,且母在牢狱,期于必往,若得入见,事自当解。遂通书自白,贡即与相见,才辞敏捷,好自陈谢,贡登时出其母。初,岱将见贡时,先语友人张允,令豫具舡,以贡必悔,当追逐之。及出,便以母乘舸,易道而逃,贡须臾果遣人追之,令追者若及,于江上便杀之,已过则止。使与岱错道,遂免。后被谗,为孙策所诛,时年三十余。

卓公行恕

卓恕,字公行,上虞人。为人笃信义,然诺不苟。与人期约,虽暴风疾雨,无有不至。尝从建业还会稽,太傅诸葛恪问何时当复来,恕期以某日。至期,恪与主人停食以须恕至,时宾客会者皆以为会稽、建业相去千里,道阻江潮,风波难必,岂得如期?须臾恕至,一座皆惊。

开 霸

破虏将军孙文台坚

孙坚,字文台,吴郡富春人,盖孙武之后也。少为县吏,年十七,与父共载船至钱塘。会海贼胡玉等从匏里上掠取贾人财物,方于岸上分之,行旅皆住,船不敢进。坚谓父曰:"此贼可击,请讨之。"父曰:"非尔所图也。"坚行掺刀上岸,以手东西指挥,若分部人兵以罗遮贼状。贼望见,以为官兵捕之,即委财物散走。坚追斩得一级以还,父大惊。由是显闻,府召署假尉。会稽妖贼许昌起于句章,自称阳明皇帝,扇动诸县,众以万数。坚以郡司马募召精勇,得千余人,与州郡合讨破之。是岁,熹平元年也。刺史臧旻列上功状,诏除坚盐渎丞,数岁徙盱眙,又徙下邳。坚历佐三县,所在有称,吏民亲附。乡里知旧,好事少年,往来者常数百人,坚接待抚养,有若子弟。中平元年,黄巾贼帅张角起于魏郡,托有神灵,遣八使以善道教化天下,而潜相连结,自称黄天泰平。三月甲子,三十六方一旦俱发,天下响应,焚烧郡县,杀害长吏。汉遣车骑将军皇甫嵩、中郎将朱俊将兵讨击之。俊表请坚为佐军司马,乡里少年随在下邳者皆愿从。坚又募诸商旅,及淮、泗精兵,合千许人,与俊并力奋击,所向无前。汝、颍贼困迫,走保宛城。坚身当一面,登城先入,众乃蚁附,遂大破之。俊具以状闻,上拜坚别部司马。边章、韩遂作乱凉州,中郎将董卓拒讨无功,中平三年,遣司空张温行车骑将军,西讨章等。温表请坚与参军事,屯长安。温以诏书召卓,卓良久乃诣温,温责让卓,卓应对不顺。坚时在坐,前耳语谓温曰:"卓不怖罪,而鸱张大语,宜以召不时至,陈军法斩之。"温曰:"卓素著威名于陇蜀之间,今日杀之,西行无依。"坚曰:"明公亲率天兵,威震天下,何赖于卓?观卓所言,不假明公,轻上无礼,一罪也。章、遂跋扈经年,当以时进讨,而卓云未可,沮军疑众,二罪也。卓受任无功,应诏稽留,而轩昂自高,三罪也。古之名将,仗钺临众,未有不断斩以示威者,是以穰苴斩庄贾,魏绛戮杨干。今明公垂意于卓,不即加诛,亏损威刑,于是在矣。"温不忍发举,乃曰:"君且还,卓将疑人。"坚因起出。章、遂闻大军向至,党众离散,皆乞降。军还,议者以军未临敌,不断功赏,然闻坚数卓三罪,劝温斩之,无不叹息。拜坚议郎。时长沙贼区星自称将军,众万余人,攻围城邑,乃以坚为长沙太守。到郡亲率将士,施设方略,旬月之间,克破星等。汉录前后功,封坚乌程侯。灵帝崩,卓擅朝政,横恣京城,诸州郡并兴义兵,欲以讨卓。坚闻之,拊膺叹曰:"张公昔从吾言,朝廷今无此患矣。"亦誓众起兵。荆州刺史王叡素遇坚无礼,坚过杀之。比至南阳,众数万人。南阳太守张咨闻军至,晏然自若,坚以牛酒礼咨,明日亦答诣坚。酒酣,长沙主簿入白坚:"前移南阳,而道路不治,军资不具,请收主簿,推问意故。"咨大惧,欲去,兵陈四周不得出。有顷,主簿复入白坚:"南阳太守稽停义兵,使贼不时讨,请收出案军法从事。"便牵咨于军门斩之。郡中震慄,无求不获。前到鲁阳,与袁术相见,术表坚行破虏将军,领豫州刺史。遂治兵于鲁阳城。当进军讨卓,遣长史公仇称将兵从事,还州督促军粮。施帐幔於城东门外,祖道送称,官属并会。卓遣步骑数万人逆坚,轻骑数十先到。坚方行酒谈笑,敕部曲整顿行陈,无得妄动。后骑渐益,坚徐罢坐,导引入城。乃谓左右曰:"向坚所以不即起者,恐兵相蹈袭,诸君不得入耳。"卓兵见坚士众甚整,不敢攻城,乃引还。坚移屯梁东,大为卓军所攻,坚与数十骑溃围而出。坚常着赤罽帻,乃脱帻,令亲近将祖茂着之。卓骑争逐茂,故坚从间得免。茂困迫下马,以帻冠冢间烧柱,因伏草中。卓骑望见,围绕数重,定近觉是柱,乃去。坚复相收兵,合战于阳人,大破卓军,枭其都督华雄等。是时,或间坚於术曰:"坚若得洛,不可复制,此为除狼而得虎也",术遂怀疑,不运粮。阳人去鲁阳百余里,坚夜见术,画地计曰:"所以出身不顾,上为国家讨贼,下慰将军家门之私仇,坚与卓非有骨肉之怨也,而将军受谮润之言,还相嫌疑!使大勋垂捷而军粮不继,此吴起所以叹息於西河,乐毅所以遗恨於垂成也。愿将军深思之。"术踧唶,即调发军粮,坚乃还屯。卓惮坚猛壮,乃遣将军李傕等,来求和亲,令坚列疏子弟任刺史、郡守者,许表用之。坚曰:"卓逆天无道,荡覆王室,今不夷汝三族,县示四海,则吾死不瞑目,岂将与乃和亲邪?"复进军大谷,拒雒九十里。卓寻徙都西入关,焚烧雒邑。坚乃前入,至雒。修诸陵,平塞卓所发掘。讫,引军还,住鲁阳。初平三年,术使坚征荆州,击刘表。表遣黄祖逆于樊、邓之间。坚击破之,追渡汉水,围襄阳。单马行岘山,为祖军士所射杀,时年三十七。坚兄子贲,帅将士众就术,术复表贲为豫州刺史,自有传。坚四子:策、权、翊、匡。权既称尊号,谥坚曰武

烈皇帝,墓曰高陵。

讨逆将军孙伯符策

孙策,字伯符。坚初举义兵,策将母徙居舒,与周瑜相友,收合士大夫,江、淮间人咸向之。坚薨,还葬曲阿,已乃渡江居江都。徐州牧陶谦深忌策,策舅吴景时为丹阳太守,策乃载母徙曲阿,与吕范、孙河俱就景,因缘召募得数百人。兴平元年,往从袁术。术甚奇之,以坚部曲还策。太傅马日磾杖节安集关东,在寿春以礼辟策,表拜怀义校尉。术大将乔蕤、张勋皆倾心敬焉。术常叹曰:"使术有子如孙郎,死复何恨!"策骑士有罪,逃入术营,隐于内厩,策指使人就斩之,讫,诣术谢。术曰:"兵人好叛,当共疾之,何为谢也?"由是军中益畏惮之。术初许策为九江太守,已而更用丹阳陈纪。后术欲攻徐州,从庐江太守陆康求米三万斛,康不与,术大怒。策昔曾诣康,康不见,使主簿接之,常衔恨。术遣策攻康,谓曰:"前错用陈纪,每恨本意不遂。今若得康,庐江真卿有也。"策攻康,拔之,术复用其故吏刘勋为太守,策益失望。先是,刘繇为扬州刺史,旧治寿春。寿春,术已据之,繇乃渡江治曲阿。时吴景尚在丹阳,策从兄贲又为丹阳都尉,繇至,皆迫逐之,景、贲退舍历阳。繇遣樊能、于麋、陈横屯江津,张英屯当利口以距术。术自用故吏琅琊惠衢为扬州刺史,更以景为督军中郎将,与贲共将兵击英等,连年不克。策乃说术,乞助景等平定江东。术表策为折冲校尉,行殄寇将军,兵财千余,骑数十匹,宾客愿从者数百人。比至历阳,众五六千。策母先自曲阿徙于历阳,策又徙母阜陵,渡江转斗,所向皆破,莫敢当其锋。策时年少,虽有位号,而士民皆呼为孙郎。百姓闻孙郎至,皆失魂魄。及至,军士奉令,不敢掳掠,鸡犬菜茹,一无所犯,民乃大悦,竞以牛酒迎劳。刘繇弃军遁逃,诸郡守皆捐城郭奔走。策入曲阿,劳赐将士,遣将陈宝诣阜陵迎母及弟。发恩布令,告诸县:"其刘繇、笮融等故乡部曲来降首者,一无所问。乐从军者,一身行,复除门户。不乐者,勿强也。"旬日之间,四面云集,得见兵二万余人,马千余匹,威震江东,形势转盛。吴人严白虎等,众各万余人,处处屯聚,吴景等欲先击破虎辈,乃至会稽。策曰:"虎等群盗,非有大志,此成禽耳。"遂引兵渡浙江,据会稽,屠东治,乃攻破虎等。尽更置长吏,策自领会稽太守,复以吴景为丹阳太守,以孙贲为豫章太守;分豫章为庐陵郡,以贲弟辅为庐陵太守,丹阳朱治为吴郡太守。彭城张昭、广陵张纮、秦松、陈端等为谋主。时袁术僭号,策以书责而绝之。曹操表策为讨逆将军,封吴侯。未几,术死,长史杨弘、大将张勋等,将其众欲就策,庐江太守刘勋要击,悉虏之,收其珍宝以归。策闻之,伪与勋好盟。勋新得术众,时豫章上缭宗民万余家在江东,策劝勋攻取之。勋既行,策轻军晨夜袭拔庐江,勋众尽降,勋独与麾下数百人自归曹操。是时袁绍方强,而策并江东,曹操力未能逞,且欲抚之。乃以弟女配策小弟匡,又为子章取贲女,皆礼辟策弟权、翊,又命扬州刺史严象举权茂才。

建安五年,曹操与袁绍相拒于官渡,策欲阴袭许昌,迎汉帝,密治兵,部署诸将。未发,会为故吴郡太守许贡客所杀。先是,策杀贡,贡小子与客亡匿江边。策单骑出,卒与客遇,客击伤策,创甚。请张昭等谓曰:"中国方乱,夫以吴、越之众,三江之固,足以观成败。公等善相吾弟!"呼权佩以印绶,谓曰:"举江东之众,决机于两陈之间,与天下争衡,卿不如我。举贤任能,各尽其心,以保江东,我不如卿。"至夜卒,时年二十六。权称尊号,追谥策曰长沙桓王,封子绍为吴侯,后改封上虞侯。绍卒,子奉嗣。孙皓时,讹言谓奉当立,诛死。

霸 佐

奋武校尉孙幼台静 子瑜、皎、奂附

　　孙静,字幼台,坚季弟也。坚始举事,静纠合乡曲及宗室五六百人,以为保障,众咸附焉。策破刘繇,定诸县,进攻会稽,遣人请静,静将家属与策会于钱塘。是时太守王朗拒策于固陵,策数渡水战,不能克。静说策曰:"朗阻险城守,难可卒拔。查渎南去此数十里,而道之要径也,宜从彼据其内,所谓攻其无备、出其不意者也。吾当自率众为军前队,破之必矣。"策曰:"善。"乃诈令军中曰:"顷连雨水浊,兵饮之多腹痛,令促具罂缶数百口澄水。"至昏暮,四维然火诳朗,便分军夜投查渎道,袭高迁屯,朗大惊,遣故丹阳太守周昕等帅兵前战,策破昕等,斩之,遂定会稽。表拜静为奋武校尉,欲授之重任,静恋坟墓宗族,不乐出仕,求留镇守,策从之。权统事,就迁昭义中郎将,终于家。有五子,瑜、皎、奂最知名。

　　瑜字仲异,以恭义校尉始领兵众。是时宾客诸将多江西人,瑜虚心绥抚,得其欢心。建安九年,领丹阳太守,为众所附,至万余人,加绥远将军。十一年,与周瑜共讨麻、保二屯,破之。后从权拒曹操于濡须,权欲交战,瑜说权持重,权不从,军果无功。迁奋威将军,领郡如故,自溧阳徙屯牛渚。瑜以永安人饶助为襄阳长,无锡人颜连为居巢长,使招纳庐江二郡,各得降附。济阴人马普笃学好古,瑜厚礼之,使二府将吏子弟数百人就受业,遂立学官,临飨讲肄。是时诸将皆以军务为事,而瑜好乐坟典,虽在戎旅,诵声不绝。年三十九卒。

皎字叔朗,始拜护军校尉,领众二千余人。是时曹公数出濡须,皎每赴拒,号为精锐。迁都护征虏将军,代程普督夏口。黄盖及兄瑜卒,又并其军,赐沙羡、云杜、南新市、竟陵为奉邑,自置长吏。轻财能施,善于交结,与诸葛瑾至厚,委庐江刘靖以得失,江夏李允以众事,广陵吴硕、河南张梁以军旅,而倾心亲待,莫不自尽。皎尝遣兵候获魏边将吏美女以进皎,皎更其衣服送还之,下令曰:"今所诛者曹氏,其百姓何罪?自今以往,不得系其老弱。"由是江淮间多归附者。尝以小故,与甘宁忿争,或以谏宁,宁曰:"臣子一例,征虏虽公子,何可专行侮人邪!吾值明主,但当输效力命,以报所天,诚不能随俗屈曲矣。"权闻之,以书让皎,皎得书,上疏陈谢,遂与宁深相结。后吕蒙当袭南郡,权欲令皎与蒙为左右部大督,蒙说权曰:"若至尊以征虏能,宜用征虏,以蒙能,宜用蒙。昔周瑜、程普为左右部督,共攻江陵,事虽决于瑜,普自恃久将,且俱是督,遂共不睦,几败国事,此目前之戒也。"权寤,谢蒙曰:"以卿为大督,命皎为后继。"荆州底定,皎有力焉。建安二十四年卒,权追录其功,封子胤为丹阳侯。胤卒,无子。弟晞嗣,领兵,有罪自杀,国除。

俣字季明,兄皎既卒,代统其众,以扬武中郎将领江夏太守。在事一年,遵皎旧迹,礼刘靖、李允、吴硕、张梁及江夏间举等,并纳其善。俣讷于造次而敏于当官,军民称之。黄武五年,权攻石阳,俣以地主,使所部将军鲜于丹帅五千人先断淮道,自帅吴硕、张梁五千人为军前锋,降高城,得三将。大军引还,权诏使在前住,驾过其军,见俣军陈整齐,权叹曰:"初吾忧其迟钝,今治军,诸将少能及者,吾无忧矣。"拜扬威将军,封沙羡侯。吴硕、张梁皆裨将军,赐爵关内侯。俣亦爱乐儒生,复命部曲子弟就业,后仕进朝廷者数十人。年四十,嘉禾四年卒。子承嗣,以昭武中郎将代统兵,领郡。卒,无子,封承庶弟壹奉俣后。

征虏将军孙伯阳贲 子邻附

孙贲，字伯阳。父羌，字圣壹，坚同产兄也。贲早失二亲，弟辅婴孩，贲自赡育，友爱甚笃，为郡督邮守长。坚于长沙起义，贲去吏从征伐。坚薨，贲摄帅余众，扶送灵柩。后袁术徙寿春，贲又依之。术从兄绍用会稽周昂为九江太守，绍与术不协，术遣贲攻破昂于阴陵。术表贲领豫州刺史，转丹阳都尉，行征虏将军，讨平山越。为扬州刺史刘繇所迫逐，因将士众还住历阳。顷之，术复使贲与吴景共击樊能、张英等，未能拔。及策东渡，助贲、景破英、能等，遂进击刘繇，繇走豫章。策遣贲、景还寿春报术，值术僭号，署置百官，除贲九江太守。不就，弃妻孥还江南。时策已平吴、会二郡，贲与策征庐江太守刘勋、江夏太守黄祖，军旋，闻繇病死，过定豫章。上贲领太守，后封都亭侯。建安十三年，使者刘隐奉诏拜贲为征虏将军，领郡如故。在官十一年卒。子邻嗣。

邻字公达，雅性精敏，幼有令誉。九岁代领豫章，进封都乡侯。在郡垂二十年，讨平叛贼，功绩修理。召还武昌，为绕帐督。时太常潘濬掌荆州事，重安长陈留舒燮有罪下狱，濬尝失燮，欲置之余法。论者多为有言，濬犹不释。邻谓濬曰："舒伯膺兄弟争死，海内义之，以为美谈，仲膺又有奉国旧意。今君杀其子弟，若天下一统，青盖北巡，中州士人必问仲膺继嗣，答者云潘承明杀燮，于事何如？"濬意即解，燮用得济。邻迁夏口沔中督，威远将军，所居任职。赤乌十二年卒。子苗嗣。

平南将军孙国仪辅

孙辅，字国仪，贲弟也，以扬武校尉佐策平三郡。策讨丹阳七县，使辅西屯历阳以拒袁术，并招诱馀民，鸠合遗散。又从策讨陵阳，生得祖郎等。策西袭庐江太守刘勋，辅随从，身先士卒，有功。策立辅为庐陵太守，抚定属城，分置长吏。迁平南将军，假节领交州刺史。遣使与闻，事觉，权幽系之，数岁卒。子兴、昭、曜、昕，皆历显位。

镇北将军孙公礼韶 伯父河附

孙韶，字公礼。伯父河，字伯海，本姓俞氏，亦吴人也。孙策爱之，赐姓为孙，列之属籍。后为将军，屯京城。初，孙权杀吴郡太守盛宪，宪故孝廉妫览、戴员亡匿山中。孙翊为丹阳，皆礼致之，览为大都督督兵，员为郡丞。及翊遇害，河驰赴宛陵，责怒览、员，以不能全权，令使奸变得施。二人议曰："伯海与将军疏远，而责我乃耳。讨虏若来，吾属无遗矣。"遂杀河，使人北迎扬州刺史刘馥，令住历阳，以丹阳应之。会翊帐下徐元、孙高、傅婴等杀览、员。韶年十七，收河余众，缮治京城，起楼橹，修器备以御敌。权闻乱，从椒丘还，过定丹阳，引军归吴。夜至京城下营，试攻惊之，兵皆乘城，传檄备警，讙声动地，颇射外人，权使晓喻乃止。明日见韶，甚器之，即拜丞烈校尉，统河部曲，食曲阿、丹徒二县，自置长吏，一如河旧。后为广陵太守、偏将军。权为吴王，迁扬威将军，封建德侯。权称尊号，为镇北将军。韶为边将数十年，善养士卒，得其死力。常以警疆场远斥候为务，先知动静而为之备，故鲜有负败。青、徐、汝、沛，颇来归附，淮南滨江屯候，皆撤兵远徙，徐、泗、江、淮之地，不居者各数百里。自权西征，还都武昌，韶不进见者十余年。权还建业，乃得朝觐。权问青、徐诸屯要害，远近人马众寡，魏将帅姓名，尽具识之，所问咸对。身长八尺，仪貌都雅。权欢悦曰："吾久不见公礼，不图进益乃尔。"加领幽州牧、假

节。赤乌四年卒,子越嗣,至右将军。

建武将军孙叔武桓　　<small>弟俊附</small>

孙桓,字叔武,河之次子也。仪容端正,器怀聪朗,博学强记,能论议应对,权常称为宗室颜渊。年二十五,拜安东中郎将,与陆逊共拒先主。蜀军众甚盛,弥山盈谷,桓投刀奋命,与逊戮力。蜀师遂败。桓斩上兜道,截其径要。先主逾山越险,仅乃得免,忿恚叹曰:"吾昔初至京城,桓尚小儿,而今迫孤乃至此耶!"桓以功拜建武将军,封丹徒侯,下督牛渚,作横江坞,会卒。弟俊,字叔英,性度恢弘,才经文武,为定武中郎将,屯戍薄落,赤乌十三年卒。

偏将军凌公绩统　　<small>父操、子烈封附</small>

凌统,字公绩,吴郡余杭人也。父操,轻侠有胆气,孙策初兴,每从征伐,常冠军履锋。守永平长,平治山越,奸猾敛手,迁破贼校尉。及权统军,从讨江夏。入夏口,先登,破其前锋,轻舟独进,中流矢死。统年十五,左右多称述者,权亦以操死国事,拜统别部司马,行破贼都尉,使摄父兵。后从击山贼,权破保屯先还,馀麻屯万人,统与督张异等留攻围之,克日当攻。先期,统与督陈勤会饮酒,勤刚勇任气,因督祭酒,陵轹一座,举罚不以其道。统疾其侮慢,面折不为用,勤怒詈统,及其父操,统流涕不答,众因罢出。勤乘酒凶悖,又于道路辱统,统不忍,引刀斫勤,数日乃死。及当攻屯,统曰:"非死无以谢罪。"乃率厉士卒,身当矢石,所攻一面,应时披坏,诸将乘胜,遂大破之。还,自拘于军正,权壮其果毅,使得以功赎罪。后权复征江夏,统为前锋,与所厚健儿数十人共乘一舡,常去大兵数十里。行入右江,斩黄祖将张硕,尽复舡人。还以白权,引军兼道,水陆并集。时吕蒙败其水军,而统先搏其城,于是大获。权以统为承烈都尉,与周瑜等拒破曹操于乌林,遂攻曹仁,迁为校尉。虽在军旅,亲贤接士,轻财重义,有国士之风。又从破皖,拜荡寇中郎将,领沛相。与吕蒙等西取三郡,反自益阳,从往合肥,为右部督。时权撤军,前部已发,魏将张辽等奄至津北,权使追还前兵,兵去已远,势不相及,统率亲近三百人陷围,扶扞权出。敌已毁桥,桥之属者两板,权策马驱驰,统复还战,左右尽死,身亦被创,所杀数十人,度权已免,乃还。桥败路绝,统披甲潜行。权既御舫船,见之惊喜。统痛亲近无反者,悲不自胜,权引袂拭之,谓曰:“公绩,亡者已矣,苟使卿在,何患无人?”拜偏将军,倍给本兵。时有荐同郡盛暹于权者,以为梗概大节,有讨於统,权曰:“且令如统足矣。”后召暹夜至,时统已卧,闻之,摄衣出门,执其手以入,其爱善不害如此。统以山中人尚多壮悍,可以威恩诱也,权令东占且讨之,命敕属城,凡统所求,皆先给后闻。统素爱士,士亦慕焉,得精兵万余人。过本县,步入寺门,见长吏怀三版,恭敬尽礼,亲旧故人,恩意益隆。事毕当出,会病卒,时年四十九。权闻之,拊床起坐,哀不能自止,数日减膳,言及流涕,使张承为作铭诔。二子烈、封,年各数岁,权内养于宫,爱待与诸子同,宾客进见,呼示之曰:“此吾虎子也。”及八九岁,令葛光教之读书,十日一令骑马,追录统功,封烈亭侯,还其故兵。后烈有罪免,封复袭爵领兵。

安国将军朱公理治 子才纪附

朱治,字公理,丹阳故鄣人也。初为县吏,后察孝廉,州辟从事,随孙坚征伐。中平五年,拜司马,从讨长沙、零、桂等三郡贼周朝、苏马等有功,坚表治行都尉。从破董卓于阳人,入洛阳。表治行督军校尉,特将步骑,东助徐州牧陶谦讨黄巾。会坚薨,治扶翼策,依就袁术。后知术政德不立,乃劝策还平江东。时太傅马日磾在寿春,辟治为掾,迁吴郡都尉。是时吴景已在丹阳,而策为术攻庐江,于是刘繇恐为袁、孙所并,遂构嫌隙。而策家门尽在州下,治乃使人于曲阿迎太妃及权兄弟,所以供奉辅护,甚有恩纪。治从钱塘欲进到吴,吴郡太守许贡拒之于由拳,与战,大破之。贡南就山贼严白虎,治遂入郡,领太守事。策既走刘繇,东定会稽。权年十五,治举为孝廉,后策薨,治与张昭等共尊奉权。建安七年,权表治为九真太守,行扶义将军,割娄、由拳、无锡、毗陵为奉邑,置长吏。征讨夷越,佐定东南,禽截黄巾徐貊等。黄武元年,封毗陵侯,领郡如故。二年,拜安国将军,金章紫绶,徙封故鄣。权历上将,及为吴王,治每进见,权常亲迎,执版交拜,宴飨赠赐,恩敬特隆,至从行吏,皆得奉赞私觌,其见异如此。权从兄豫章太守贲,女为曹操子妇,及操破荆州,威震南土,贲畏惧,欲遣子入质。治闻之,求往见贲,为陈安危,曰:"破虏将军昔率义兵入讨董卓,声冠中夏,义士壮之。讨逆继世,廓定六郡,特以君侯骨肉至亲,器为时生,故表汉朝,剖符大郡,兼建将校,仍关综两府,荣冠宗室,为远近所瞻。加讨虏聪明神武,继承鸿业,揽结英雄,周济世务,军众日盛,事业日隆,虽昔萧王之在河北,无以加也,必克成王基,应运东南。故刘玄德远布腹心,求见拯救,此天下所共知也。前在东闻道路之言,云将军有异趣,良用忾然。今曹操阻兵,倾覆汉室,幼帝流离,百姓元元未知所归。而中国萧条,或百里无烟,城邑空虚,道殣相望,士叹于外,妇怨乎室,加之以师旅,因之以饥馑,以此料之,彼岂能越长江与我争利哉?将军当斯时也,而欲背骨肉之亲,违万安之计,割同气之肤,啖虎狼之口,为一女子,改虑易图,失机毫厘,差以千里,岂不惜哉!"贲由此遂止。权常叹治忧勤王事。性俭约,虽在富贵,车服惟取供事。权优异之,自令督军御史典属城文书,治领四县租税而已。是时丹阳深地,频有奸叛,亦以年向老,思恋土风,自表屯故鄣,镇抚山越。父老故人,莫不诣门,治皆引进,与共饮宴,乡党以为荣。在故鄣岁余,还吴。黄武三年卒,在郡三十一年,年六十九,子才嗣。才字君业,为人精敏,善骑射,权爱异之,常侍从游戏。少以父任为武卫校尉,领兵随从征伐,屡有功捷。本郡议者以才少处荣贵,未留意于乡党,才乃叹曰:"我初为将,谓跨马蹈敌,当身履锋,足以扬名,不知乡党复追迹其举措乎!"于是更折节为恭,留意于宾客,轻财尚义,施不望报,又学兵法,名声始闻于远近,会疾卒。才弟纪,权以策女妻之,亦以校尉领兵。

左大司马朱义封然 子绩附

朱然,字义封,治姊子也。本姓施氏,初治未有子,然年十三,乃启策乞以为嗣。策命丹阳郡以羊酒召然,然到吴,策优以礼贺。然尝与权同书学,结恩爱。至权统事,以然为余姚长,时年十九。后迁山阴令,加折冲校尉,督五县。权奇其能,分丹阳为临川郡,然为太守,授兵一千人。会山贼盛起,然平讨,旬月而定。曹操出濡须,然备大坞及三关屯,拜偏将军。建安二十四年,以从定荆州功,迁昭武将军,封西安侯。虎威将军吕蒙病笃,权问曰:"卿如不起,谁可代者?"蒙对曰:"朱然胆守有余,愚以为可任。"蒙卒,权假然节,镇江陵。黄武元年,蜀兵攻宜都,然督五千人与陆逊并力拒之,蜀兵败走。拜征北将军,封永安侯。魏遣曹真、夏侯尚、张郃等攻江陵,魏文帝自住宛,为其势援,连屯围城。权遣将军孙盛督万人备州上,立围坞,为然外救。郃渡兵攻盛,盛不能拒,即时却退,据州上围守,然中外断绝。权遣潘璋、杨粲等解其围,粲等迟回,未敢进。时然城中兵多肿病,堪战者裁五千人,真等起土山,凿地道,立楼橹临城,弓弩雨注,将士皆失色,然晏如而无恐意,方厉士卒,伺间隙攻破两屯。魏攻围然,凡六月日未退,江陵姚泰备城北门,见外兵盛,城中人少,谷食欲尽,因与敌交通,谋为内应,垂发事觉,然治戮泰。尚等不能克,乃彻攻退还,由是然名震于敌国,改封当阳侯。六年,权自率众攻石阳,及至旋师,潘璋断后。夜出错乱,敌追击璋,璋不能禁。然即还住拒敌,使前船得引极远,徐乃后发。嘉禾三年,权与蜀克期大举,权自向新城,然与全琮各受斧钺,为左右督,会吏士疾病,故未攻而退。赤乌五年,征祖中,魏将蒲忠、胡质各将数千人,要遮险隘,图断然后,质为忠断援。时然所督兵将先四出,闻问不暇收合,便将帐下见兵八百人逆掩,忠战不利,质等皆退。九年,复征祖中,魏将李兴等闻然深入,率步骑六千断然后道,然夜出逆之,军以胜反。先是,归义马茂怀奸,觉诛,权深忿之。然临行上疏曰:"马茂小子,败负恩养。臣今奉天威,事蒙克捷,欲令所获,震耀远近,方舟塞江,使足可观,以解上下之忿。惟陛下识臣先言,责臣后效。"权时抑表不出,然既献捷,群臣上贺,权乃举酒作乐,而出然表曰:"此家前初有表,孤以为难必,今果如其言,可谓明于见事也。"遣使拜然为左大司马、右军师。然长不盈七尺,气候分明,内行修洁,其所文采,惟施军器,馀皆质素。终日钦钦,如常在战场,临急胆定,尤过绝人,虽世无事,每朝夕严鼓,兵在营者,咸行装就队,以此玩敌,使不知所备,故出辄有功。诸葛瑾子融、步骘子协,虽各袭任,权特复使然总为大督。又陆逊亦本功臣,名将存者惟然,莫与比隆。寝疾二年,后渐增笃,权昼为减膳,夜为不寐,中使医药口食之物,相望于道。然每遣使表疾病消息,权辄召见,口自问讯,入赐酒食,出送布帛。自创业功臣疾病,权意之所钟,吕蒙、凌统最重,然其次矣。年六十八,赤乌十二年卒,权素服举哀,为之感恸,子绩嗣。

绩,字公绪,以父任为郎,后拜建中校尉。随太常潘濬讨五溪，以胆力称。迁偏将军营下督，领盗贼事，持法不倾。鲁王霸注意交绩，尝至其廨，就之坐，欲与结好，绩下地住立，辞而不当。然卒，袭业，拜平魏将军，乐乡督。明年，魏征南将军王昶率众攻江陵城，不克而退。绩与奋威将军诸葛融书曰："昶远来疲困，马无所食，力屈而走，此天助也。今追之力少，可引兵相继，吾破之于前，足下乘之于后，岂一人之功哉，宜同断金之义。"融答许绩。绩便引兵及昶于纪南，纪南去城三十里，绩先战胜而融不进，绩遂失利。权深嘉绩，盛责怒融，融兄大将军恪贵重，故融得不废。建兴元年，迁镇东将军。太平二年，拜骠骑将军，时孙綝秉政，大臣疑贰，恐吴必扰乱，而中国乘衅，乃密书结蜀，使为并兼之虑。蜀遣右将军阎宇将兵五千，增白帝守，以须绩之后命。永安初，迁上大将军、都护自巴丘上乞西陵。元兴元年，就拜左大司马。初，然为治行丧竟，乞复本姓，权不许，绩以五凤中表还为施氏，建衡二年卒。

丞相陆伯言逊

陆逊，字伯言，九江都尉骏之子。逊少孤，随从祖庐江太守康在官。袁术与康有隙，康遣逊及亲戚还吴。逊年长于康子绩数岁，为之纲纪门户。孙权为将军，始仕幕府，历海昌都尉，并领县事。会稽山贼潘临，所在毒害，历年不禽。逊以手下召兵，讨治深险，所向皆服，拜定威校尉，军屯利浦。权以策女配逊，数访世务，逊建议曰："方今英雄棋跱，豺狼窥望，克敌宁乱，非众不济，而山寇旧恶，依阻深地。夫腹心未平，难以图远，可大部伍，取其精锐。"权纳其策，以为帐下右部督。会丹阳贼帅费栈受曹操印绶，扇动山越，为作内应，权遣逊讨栈。栈支党多而往兵少，逊乃益施牙幢，分布鼓角，夜潜山谷间，鼓譟而前，应时破散。遂部伍东三郡,强者为兵,弱者补户,得精卒数万人,宿恶荡除,所过肃清,还屯芜湖。吕蒙称疾诣建业,逊往见之,谓曰:"关羽接境,如何远下?"蒙曰:"诚如来言,然我病笃。"逊曰:"羽矜其骁气,陵轹于人。始有大功,意骄志逸,得务北进,未嫌于我,有相闻病,必益无备。今出其不意,自可禽制。若见至尊,宜好为计。"蒙至都,权问:"谁可代卿?"蒙对曰:"陆逊意思深长,才堪负重,未有远名,非羽所忌,若用之,当令外自韬隐,内察形便,然后可克。"权乃召逊,拜偏将车右部督代蒙。逊至陆口,书与羽,盛称功德,乐自倾尽。羽览逊书,有谦下自托之意,意大安,无复所嫌。逊具启形状,陈其可禽之要。权乃潜军而上,使逊与吕蒙至即克公安、南郡。宜都太守樊友委郡走,诸城长吏及蛮夷君长皆降。前后斩获招纳,凡数万计。权以逊为右护军、镇西将军,进封娄侯。时荆州士人新还,仕进或未得所,逊疏请普加抽拔之恩,令并获自进,然后四海延颈,思归大化,权敬纳其言。黄武元年,刘备率大众来向西界,权命逊为大都督、假节,督朱然、潘璋等五万人拒之。备从巫峡、建平连围至夷陵界,立数十屯,以金锦爵赏诱动诸夷,使冯习为大督,张南为前部,先遣吴班将数千人于平地立营,欲以挑战。诸将皆欲击之,逊曰:"此必有异,且观之。"备知其计不可,乃引伏兵,从谷中出。逊曰:"所以不听诸君击班者,揣之必有巧故也。"乃敕兵士各持茅一把,以火攻之。一尔势成,通率诸军同时俱攻,斩张南、冯习等首,破其四十余营。瓦解土崩,死者万余。备大惭恚,曰:"吾乃为逊所破,岂非天邪!"加拜逊辅国将军,领荆州牧,改封江陵侯。时备住白帝,诸将竞表言备必可禽,请复攻之。权以问逊,逊以为曹丕大合士众,外托助国讨备,内实有奸心,谨决计辄还。无几,魏军果出,三方受敌也。备寻病亡,子禅嗣,诸葛亮秉政,与权连和。时事所宜,权辄令逊语亮,并刻权印,以置逊所。权每与蜀书,常过示逊,轻重可否,有所不安,便令改定,以印封行之。七年，曹休入皖，假逊黄钺，权亲执鞭见之。已而大破休走，诸军振旅，还过武昌，权令左右以御盖覆逊，入出殿门，凡所赐逊，皆御物上珍，於时莫与为比。遣还西陵。黄龙元年，拜上大将军、右都护。逊虽在外，乃心于国，屡上疏陈时事。权欲遣偏师取夷州及朱崖，皆以咨逊，逊以为宜育养士民，宽其租赋，众克在和，义以劝勇，则河渭可平。权遂征夷州，得不补失。嘉禾五年，权北征，使逊与诸葛瑾攻襄阳，斩首获生，凡千余人。其所生得，皆加营护，支党感慕来归者，倾财帛周赡。六年，中郎将周祗乞于鄱阳召募，事下问逊。逊以为此郡民易动难安，不可与召，恐致贼寇，而祗固陈取之，郡民吴遽等果起作贼杀祗，攻没诸县，豫章、庐陵宿恶民，并应遽为寇。逊自闻，辄讨即破，遽等相率降，逊料得精兵八千余人。

赤乌七年，代顾雍为丞相，州牧都护，领武昌事如故。时太子有不安之议，逊上疏陈太子正统，宜有盘石之固，"鲁王藩臣，当使宠秩有差，彼此得所，上下获安。谨叩头流血以闻"。言三四上，及求诣都，欲口论嫡庶之分，以匡得失。既不听许，而太子太傅吾粲坐数与逊交书，下狱死。权累遣中使责让逊，逊愤恚致卒，时年六十三，家无余财。长子延早夭，次子抗袭爵，自有传。孙休时，追谥逊曰昭侯。

平虏将军徐琨 子矫附

徐琨，富春人，坚之甥也。少仕州郡，去吏随坚征伐，拜偏将军。随孙策讨樊能、于麋等于横江，击张英于当利口，击走笮融、刘繇，功皆多于诸将。策表琨领丹阳太守，以督军中郎将领兵从破庐江太守李术，封广德侯，迁平虏将军。从讨黄祖，中流矢卒，子矫嗣封，讨平山越，拜偏将军。

后将军贺公苗齐　子达、弟景附

　　贺齐,字公苗,会稽山阴人也。少为郡吏,守剡长。县吏斯从轻侠为奸,齐欲治之,主簿谏曰:"从,县大族,山越所附,今日治之,明日寇至。"齐闻大怒,便立斩从。从族党遂相纠合,众千余人,举兵攻县。齐率吏民,开城门突击,大破之,威震山越。建安元年,孙策临郡,察齐孝廉。时王朗奔东治,候官长商升为朗起兵,策遣永宁长韩晏领南部都尉,将兵讨升,以齐为永宁长。晏为升所败,齐遂代晏领都尉事。升畏齐威名,遣使乞盟,齐因告谕祸福,升遂送上印绶,出舍请降。贼帅张雅、詹强等不愿升降,反共杀升,雅称无上将军,强称会稽太守。贼盛兵少,未足以讨,齐乃住军观变。雅与女婿何雄争势两乖,齐令越人因事交构,遂致疑隙,阻兵相图。齐乃进讨,一战大破,贼党震惧,率众出降。候官既平,而建安、汉兴、南平复乱,齐进兵建安,立都尉府,郡发属县五千兵,各使本县长将之,皆受齐节度。贼洪明等五人,率各万户,连屯盖竹大潭,同出馀汗,以为声援。齐虑贼众兵少,深入无继,恐为所断,乃分兵留备,进击明等,转战而前,势如破竹。凡讨治斩首六千级,名帅尽禽,五屯皆破,复立县邑,料出精兵万人,拜为东平校尉,迁武威中郎将,讨丹阳黟、歙,而歙贼帅金奇万户屯安勒山,毛甘万户屯乌聊山,黟贼帅陈仆、祖山等二万户屯林历山。林历山四面壁立,高数十丈,径路危狭,不容刀楯,贼临高下石,不可得攻,军住经日,将吏患之。齐身出周行,观视形便,阴募轻捷士,为作铁戈,密於隐险贼所不备处,以戈拓斩山为缘道,夜令潜上,乃多县布以援下人,得上数百人,四面流布,俱鸣鼓角,齐勒兵待之。贼夜闻鼓声四合,谓大军悉已得上,惊惧惑乱,不知所为,守路备险者,皆走还依众。大军因是得上,大破仆等,其余皆降，凡斩首七千级。齐表分歙为新定、黎阳、休阳，并黝、歙，凡六县。权遂割为新都郡，齐为太守，立府于始新，加偏将军。被命诣所在，及当还郡，权出祖道，作乐舞象，赐齐辈车骏马，罢坐住驾，使齐就车。齐辞不敢，权使左右扶齐上车，命导吏卒兵骑，如在郡仪。权望之笑曰："人当努力，非积行累勤，此不可得。"去百余步乃旋。二十一年，鄱阳民尤突受曹操印绶，化民为贼，陵阳、始安、泾县皆与突相应。齐与陆逊讨破突，斩首数十，余党震服，丹阳三县皆降，料得精兵八千人，拜安东将军，封山阴侯。黄武初，魏使曹休来伐，齐以道远后至，因住新市为拒。会洞口诸军遭风流溺，所亡中分，将士失色，赖齐未济，偏军独全，诸将倚以为势。齐性奢绮，尤好军事，兵甲器械极为精好，所乘船雕刻丹镂，青盖绛襜，干橹戈矛，葩爪文画，弓弩矢箭，咸取上材，蒙冲斗舰之属，望之若山。休等惮之，遂引军还。迁后将军，假节领徐州牧。后四年卒，子达及弟景皆有令名，为佳将。

偏将军骆公绪统

骆统，字公绪，会稽乌伤人也。父俊，官至陈相，为袁术所害。母改适，为华歆小妻，统时八岁，遂与亲客归会稽。其母送之，拜辞上车，面而不顾，其母涕泣于后。御者曰："夫人犹在也。"统曰："不欲增母思，故不顾耳。"事适母甚谨。时饥荒，乡里及远方客多有困乏，统为之饮食衰少。其姊仁爱有行，寡居无子，见统甚哀之，数问其故，统曰："士大夫糟糠不足，我何心独饱！"姊曰："诚如是，何不告我，而自苦若此？"乃自以私粟与统，又以告母，母亦贤之，遂使分施，由是显名。孙权以将军领会稽太守，统年二十，试为乌程相，民户过万，咸叹其惠理。权嘉之，召为功曹，行骑都尉，妻以从兄辅女。统志在补察，苟所闻见，夕不待旦。常劝权以尊贤接士，勤求损益，饗赐之日，可人人别进，问其燥湿，加以密意，诱谕使言，察其志趣，令皆感恩戴义，怀欲报之心，权纳用焉。出为建忠郎将，领武射吏三千人。是时征役繁数，重以疫疠，民户损耗，统上疏曰："臣闻君国者，以据疆土为强富，制威福为尊贵，曜德义为荣显，永世胤为丰祚。然财须民生，强赖民力，威恃民势，福由民殖，德俟民茂，义以民行，六者既备，然后应天受祚，保族宜邦。书曰：'众非后无能胥以宁，后非众无能辟四方。'推是言之，则民以君安，君以民济，不易之道也。今强敌未殄，海内未乂，三军有无已之役，江境有不释之备，征赋调数，由来积纪，加以殃疫死丧之灾，郡县荒虚，田畴芜旷，听闻属城，民户浸寡，又多残老，少有丁夫，闻此之日，心若焚燎。思寻所由，小民无知，既有安土重迁之性，且又前后出为兵者，生则困苦无有温饱，死则委弃骸骨不反，是以尤用恋本畏远，同之于死。每有征发，赢谨居家，重累者先见输送。小有货财，倾居行赂，不顾穷尽。轻剽者则迸入险阻，党就群恶。百姓虚竭，噭然愁扰，愁扰则不营业，不营业则致穷困，致穷困则不乐生，故口腹急，则奸心动而携叛多也。又闻民间，非居处小能自供，生产儿子，多不起养；屯田贫兵，亦多弃子。天则生之，而父母杀之，既惧干逆和气，感动阴阳，且惟殿下开基建国，乃无穷之业也，强邻大敌非造次所灭，疆场常守非期月之戍，而兵民减耗，后生不育，非所以历远年，致成功也。夫国之有民，犹水之有舟，停则以安，扰则以危，愚而不可欺，弱而不可胜，是以圣王重焉，祸福由之，故与民消息，观时制政。方今长吏亲民之职，惟以辨具为能，取过目前之急，少复以恩惠为治，副称殿下天覆之仁勤恤之德者。官民政俗，日以彫弊，渐以陵迟，势不可久。夫治疾及其未笃，除患贵其未深，愿殿下少以万机余间，留神思省，补复荒虚，深图远计，育残余之民，阜人财之用，参曜三光，等崇天地，臣统之大原，足以死而不朽矣。"权感统言，深加意焉。

以随陆逊破蜀军于宜都,迁偏将军。黄武初,曹仁攻濡须,使别将常雕等袭中州,统与严圭共拒破之,封新阳亭侯,后为濡须督。数陈便宜,前后书数十上,所言皆善。年三十六,黄武七年卒。

太子太傅吾孔休粲

吾粲字孔休,吴郡乌程人也。孙河为县长,粲为小吏,河深奇之。河后为将军,得自选长吏,表粲为曲阿丞,迁为长史,治有名迹。虽起孤微,与同郡陆逊、卜静等比肩齐声矣。孙权为车骑将军,召为主簿,出为山阴令,还为参军校尉。黄武元年,与吕范、贺齐等俱以舟帅拒魏将曹休于洞口。值天大风,诸舡绠绁断绝,漂没著岸,为魏军所获,或覆没沉溺,其大舡尚存者,水中生人皆攀缘号呼,他吏士恐舡倾没,皆以戈矛撞击不受。粲与黄渊独令舡人以承取之,左右以为船重必败,粲曰:"舡败,当俱死耳!人穷,奈何弃之。"粲、渊所活者百余人。还,迁会稽太守,召处士谢谭为功曹,谭以疾不诣,粲教曰:"夫应龙以屈伸为神,凤凰以嘉鸣为贵,何必隐形于天外,潜鳞于重渊者哉?"粲募合人众,拜昭义中郎将,与吕岱讨平山越,入为屯骑校尉、少府,迁太子太傅。遭二宫之变,抗言执正,明嫡庶之分,欲使鲁王霸出住驻夏口,遣杨竺不得令在都邑。又数以消息语陆逊,逊时驻武昌,连表谏净。由此为霸、竺等所谮害,下狱诛。

右大司马全子璜琮 父柔附

全琮,字子璜,吴郡钱塘人也。父柔,汉灵帝时举孝廉,补尚书郎右丞。董卓之乱,弃官归,州辟别驾从事,诏书就拜会稽东部都尉。孙策到吴,柔举兵先附,策表柔为丹阳都尉。孙权为车骑将军,以柔为长史,徙桂阳太守。柔尝使琮赍米数千斛到吴,有所市易。琮至,皆散用,空船而还。柔大怒,琮顿首曰:"愚以所市非急,而士大夫方有倒悬之患,故便赈赡,不及启报。"柔更以奇之。是时中州士人避乱而南,依琮居者以百数,琮倾家给济,与共有无,遂显名远近。后权以为奋威校尉,授兵数千人,使讨山越。因开募召,得精兵万余人,出屯牛渚,稍迁偏将军,封华阳亭侯。黄武元年,魏以舟军大出洞口,权使吕范督诸将拒之,军营相望。敌数以轻船钞击,琮常带甲仗兵,伺候不休。顷之,敌数千人出江中,琮击破之,枭其将军尹卢,迁绥南将军,进封钱塘侯。四年,假节领九江太守。是时丹阳、吴、会山民,复为寇贼,攻没属县,权分三郡险地为东安郡,琮领太守。至,明赏罚,招诱降附,数年中,得万余人。权召琮还牛渚,罢东安郡。琮还,经过钱塘,修祭坟墓,麾幢节盖,曜於闾里,请会邑人平生知旧、宗族六亲,施散惠与,千有余万,本土以为荣。黄龙元年,迁卫将军、左护军、徐州牧,尚公主。嘉禾二年,督步骑五万征六安,六安民皆散走,诸将欲分兵捕之,琮曰:"夫乘危侥幸,举不百全者,非国家大体也。今分兵捕民,得失相半,岂可谓全哉?纵有所获,犹不足以弱敌而副国望也。如或邂逅,亏损非小,与其获罪,琮宁以身受之,不敢徼功以负国也。"赤乌九年,迁大司马、左军师。为人恭顺,善于承颜纳规,言辞未尝切迕。初,权将图珠崖及夷州,皆先问琮,琮曰:"以圣朝之威,何向而不克?然殊方异域,隔绝障海,水土气毒,自古有之,兵入民出,必生疾病,转相污染,往者惧不能反,所获何可多致?猥亏江岸之兵,以冀万一之利,愚臣犹所不安。"权不听。军行经岁,士众疾疫死者十有八九,权深悔之。琮既亲重,宗族子弟并蒙宠贵,赐累千金,然犹谦虚接士,貌无骄色。十二年卒,子怿嗣。后袭业领兵,救诸葛诞于寿春,出城先降,魏以为平东将军。

扬武将军吴景 子奋、祺附

吴景,吴郡钱塘人,蚤失父母,姊与孙坚为婚,随坚征伐,拜骑都尉,领丹阳太守。合孙策兵,共讨泾县山贼祖郎,为刘繇所迫,败走。景北依袁术,术以为督将中郎将,与孙策共讨樊能、于麋于横江,又击笮融、薛礼于秣陵。时策被创,牛渚降贼复反,景攻讨,尽禽之。策遣景往寿春报术,术以景为广陵太守。术僭号,又不纳策言,景委郡东归,策复以为丹阳太守、扬武将军,领郡如故。建安八年,卒于官。二子奋、祺,奋授兵为将,与祺俱积军功,奋封新亭侯,祺封都亭侯。

◀ 经 济 ▶

丞相长史朱翁子买臣

朱买臣,字翁子,会稽吴人。家贫,好读书,不治家产,常卖薪给食,负薪行,辄读书,歌讴之。其妻负戴相从,数止买臣,毋讴歌道中,买臣愈疾歌,妻羞之,遂求去。已而,买臣诣长安上书。是时,同邑严助已贵幸,荐买臣,召见,说《春秋》、《楚词》,帝甚说之,亦拜为中大夫,与助俱侍中,俾难诎丞相弘。时东粤数反覆,买臣上言:"故东越王居保泉山,一人守险,千人不得上,今闻东越王南徙,去泉山五百里,居大泽中。今发兵浮海,直指泉山,陈舟列兵,席卷南行,可破灭。"乃拜为会稽太守。上曰:"富贵不归故乡,如衣锦夜行,今子何如?"买臣顿首谢。诏买臣到郡,治楼舡,备粮食、水战具,须诏书、军到与俱进。初,买臣免,待诏,常从会稽守邸者寄食，及拜太守，买臣衣故衣，怀其印绶，步归郡邸。直上计时，会稽吏方相与群饮。买臣入室中，守邸与共食，少见其绶，守邸怪之，前引其绶，视其印，会稽太守章也。守邸惊，出语上计掾吏，皆醉，大呼曰："妄诞尔！"其故人素轻买臣者入内视之，还走，疾呼曰："实然！"座中惊骇，白守丞，相推排陈列庭中，拜谒，买臣徐出户。有顷，长安厩吏乘驷马车来迎，遂乘传去。入吴界，见其故妻，妻夫治道。买臣驻车，呼令后车载其去妻，到太守舍，置园中，给食之。妻丑，自经死。买臣居郡，岁余，将兵击破东粤，帝壮其功，征为主爵都尉。坐事免，复起为丞相长史，与御史大夫汤有怨，告汤阴事，汤自杀，上亦诛买臣，归葬故里。其子山拊，官至右扶风。

尚书魏少英朗

魏朗，字少英，会稽上虞人也。少为县吏，兄为乡人所杀，朗白日操刀报仇于县中，遂亡命到陈国。从博士郤仲信学《春秋图纬》，又诣太学受五经，京师长者李膺之徒争从之。初辟司徒府，再迁彭城令。时，中官子弟为相国，多行非法，朗与更相章奏，幸臣忿疾，欲中之。会九真贼起，乃共荐郎为九真都尉。到官，奖厉吏兵，讨破群贼，斩首二千级。桓帝美其功，征拜议郎。顷之，迁尚书，屡陈便宜，有所补益。出为河内太守，政称三河表。尚书令陈蕃荐朗公忠亮直，宜在机密，复征为尚书。会被党议，免归家。朗性矜严，闭门整法度，家人不见惰容。后窦武等诛，以党被急征，行至牛渚，自杀。著书数篇，号《魏子》。

大司农朱公伟俊

朱俊，字公伟，会稽上虞人也。少孤，母贩缯为业。俊以孝养著名,为县门下书佐,好义轻财,乡间重之。本县长山阳度尚荐于太守韦毅,稍历郡职,后太守尹端以俊为主簿。熹平二年,端坐讨贼许昭失利,为州所奏,罪应弃市。俊乃赢服间行,轻赍数百金到京师,赂主章吏,遂得刊定州奏,故端得输作左校。端喜于降免而不知其由,俊亦终无所言。后太守徐珪举俊孝廉,再迁除兰陵令,政有异能,为东海相所表。会交阯部群贼并起,牧守软弱不能禁,又交阯贼梁龙等万余人,与南海太守孔芝反叛,攻破郡县,即拜俊交阯刺史,令过本郡简募家兵,及所调合五千人,分从两道而入。既到州界,按甲不前,先遣使诣郡,观贼虚实,宣扬威德,以震动其心;既而与七郡兵俱进逼之,遂斩梁龙,降者以万计,旬月尽定。以功封都亭侯,征为谏议大夫。及黄巾起,公卿多荐俊有才略,拜为右中郎将,持节,与左中郎将皇甫嵩讨颍川、汝南、陈国诸贼,悉破平之,进封西乡侯,迁镇贼中郎将。时南阳黄巾张曼成起兵,称"神上使",众数万,杀郡守褚贡,屯宛下,太守秦颉击杀曼成,贼更以赵弘为帅,众浸盛,遂十余万,据宛城。俊与荆州刺史徐璆及秦颉合兵万八千人围弘,自六月至八月不拔。有司奏欲征俊。司空张温上疏曰:"昔秦用白起,燕任乐毅,皆旷年历载,乃能克敌。俊讨颍川,已有攻效,引师南指,方略已设,临军易将,兵家有忌,宜假日月,责其成功。"灵帝乃止。俊因急击弘,斩之。贼余帅韩忠复据宛拒俊。俊兵少不敌,乃张围结垒,起土山以临城内,因鸣鼓攻其西南,贼悉众赴之,俊自将精卒五千,掩其东北,乘城而入,忠乃退保小城,惶惧乞降。司马张超及徐璆、秦颉皆听之,俊曰:"兵有形同而势异者。昔秦、项之际,民无定主,故赏附以劝来耳。今海内一统,唯黄巾造寇,纳降无以劝善,讨之足以惩恶。今若受之,更开逆意,贼利则进战,钝则乞降,纵敌长寇,非良计也。"因急攻,连战不克。俊登土山望之,顾谓张超曰:"贼今外围周固,内营逼急,乞降不受,欲出不得,所以死战也。万人一心,犹不可当,况十万乎！其害甚矣。不如撤围，并兵入城，忠见围解，势必自出，自出则意散，易破之道也。"既而解围，忠果出战，俊因击，大破之，乘胜逐北数十里，斩首万余级，忠等遂降，余众解散。遣使者持节拜俊右车骑将军，振旅还京师，以为光禄大夫，增邑五千，更封钱塘侯。母丧，起复拜将作大匠、少府、太仆。

自黄巾贼后，复有黑山、黄龙、白波等贼，大者二三万，小者六七千。贼帅常山人张燕，轻勇矫捷，军中号曰飞燕，善得士卒心，众至百万，号黑山贼。河北诸郡县并被其害，已而渐寇河内，逼近京师。于是出俊为河内太守，将家兵击却之，复拜光禄大夫，转屯骑，寻拜城门校尉、河南尹。时，董卓擅政，以俊宿将，外甚亲纳而心实忌之。及关东兵盛，卓惧，数请公卿会议，徙都长安，俊辄止之。卓虽恶俊异己，然贪其名重，乃表迁太仆，以为己副。使者拜俊，辞不肯受，因曰："国家西迁，必孤天下之望，以成山东之衅，臣不见其可也。"使者诘曰："召君受拜而君拒之，不问徙事而君陈之，其故何也？"俊曰："副相国，非臣所堪也；迁都计，事非所急也。辞所不堪，言所非急，臣之宜也。"使者曰："迁都之事，不闻其计，就有未露，何所承受？"俊曰："相国董卓具为臣说，所以知耳。"使者不能屈，由是止不为副。卓后入关，留俊守洛阳，而俊与山东诸将通谋为内应。既而惧为卓所袭，乃弃官奔荆州。移书州郡，请师讨卓。徐州刺史陶谦遣精兵三千，余州郡稍有所给，谦乃上俊行车骑将军。董卓闻之，使李傕、郭汜等数万人屯河内拒俊。俊自知兵寡不敌，留关下不复前。已而董卓被诛，傕、汜作乱，时犹在中牟。陶谦以俊名臣，数有战功，可委以大事，乃与诸豪杰共推俊为太师，因移檄牧伯，同讨李傕等，奉迎天子。会李傕用太尉周忠、尚书贾诩策，征俊入朝。军吏皆惮入关，欲应陶谦等。俊曰："以君召臣，义不俟驾，况天子诏乎！且傕、汜小竖，樊稠庸儿，无他远略，又势力相敌，变难必作，吾乘其间，大事可济。"遂辞谦议而就催征，复为太仆，谦等遂罢。初平四年，代周忠为太尉，录尚书事，复行骠骑将军事，持节镇关东。未发，会李催杀樊稠，而郭汜又自疑，与催相攻，长安中乱，故俊止不出，留拜大司农。献帝诏俊与太尉杨彪等十余人譬郭汜，令与催和，汜不肯，遂留质俊等。俊素刚，即日发病卒。

陈留相骆孝远俊

骆俊，字孝远，义务人，察孝廉，补尚书郎，擢拜陈留相。时袁术僭号，盗起，俊保疆境，贼不敢犯，百姓安业，岁入丰盈，京坻栉比。天下时方糜沸，百姓如在水火中，陈留独不受兵燹饥荒之苦。邻郡饿者，多襁负而至，俊倾资赈赡，多所全活。民育子者，厚遗米肉，所生子多以骆为名。后术众饥，遣使求粮，俊曰："尔为盗则可，吾以粮啬盗则不可。"拒绝不与，术大怒，密起兵袭下陈留，遂被杀。百姓闻之，皆奔走号泣。子统仕吴为偏将军，封新阳亭侯，自有传。

说　直

仆射钟离子阿意

钟离意，字子阿，山阴人。少为郡督邮，亭长有受人酒礼者，府下记案考之，意封还记，言于太守侯霸曰："《春秋》先内后外，今宜先清府内，且阔略远县细微之愆。"霸甚贤之，遂任以县事。举孝廉，辟司徒掾。尝部送徒诣河内，冬寒，徒不能行，意移属县，使作徒衣，具以闻。帝得奏，以示霸曰："君所使掾乃仁于用心，诚良

吏也!"意遂于道解徒桎梏,与克期俱至,无或违者。除瑕丘令,吏有犯法者,既服,不忍诛,吏父谓其子曰:"无道之君以刃行诛,有道之君以义行诛。"遂令进药而死。再迁堂邑令,县人防广为父报仇,系狱,其母病死,广哭泣不食。意伤之,乃听广归敛母讫,果还入狱。意密以状闻,广竟得减死。显宗即位,征为尚书。时交阯太守张恢,坐臧伏法,以资物簿入大司农,诏颁赐群臣。意得珠玑,悉委地,不拜赐。帝问其故,对曰:"孔子忍渴于盗泉之水,曾参回车于胜母之间,恶其名也。此臧秽之宝,诚不敢拜。"帝嗟叹曰:"清乎,尚书之言!"乃更以库钱三十万赐意,转尚书仆射。车驾数幸广成苑,意以为从禽废政,当车陈谏,天子即时还宫。永平三年夏旱,而火起北宫,意诣阙免冠疏请,帝策报罢,遂应时澍雨。帝性褊察,好以耳目隐发为明,公卿近臣数被诋毁,至见提曳。朝廷争为严切,以避诛责。意独敢谏诤,封还诏书,臣下过失,辄救解之。帝虽知其至诚,然亦以此故不久留,出为鲁相。后德阳殿成,百官大会,帝思意言,谓公卿曰:"钟离尚书若在,此殿不立。"意视事五年,以爱利为先,卒于官。

吏　治

蜀郡太守黄圣真昌

黄昌,字圣真,余姚人。本出孤微,居近学官,数见诸生修庠序之礼,因好之,遂就经学,又晓习文法,仕郡为决曹。刺史行部,见而奇之,辟从事,后拜宛令。政尚严猛,好发奸伏,皆称神明,迁蜀郡太守。先太守李根年老,多悖政,及昌到,吏民讼者七百余人,悉为断理,莫不得所。密捕盗帅一人,胁使条诸县强暴之人姓名、居处,乃分遣掩捕,无有遗脱,宿奸大恶,皆奔走他境。迁河内太守,征拜将作大匠,进补大司农,左转大中大夫,卒于官。

日南太守虞国 曾孙韵附

虞国,余姚人。少有孝行,历官日南太守,以化治称。常有双雁,宿止厅事,每出行县,辄飞逐车。国卒于官,雁逐丧至姚,栖墓上不去。至今呼其地曰双雁。国有从曾孙韵,亦守日南,称小虞。

钜鹿太守谢尧卿夷吾

谢夷吾,字尧卿,山阴人。少为郡吏,太守第五伦礼信之,举孝廉,为寿张令。永平十五年,蝗发太山,流徙郡国,浮食五谷,过寿张,飞逝不集。稍迁荆州刺史,章帝驾幸鲁阳,诏夷吾录囚,夷吾决正一县三百余事,事与上合。上叹息曰:"诸州刺史尽如此,朕不忧天下。"迁钜鹿太守,所在爱育人物,有善绩,第五伦尝令班固为文荐之。后以行春,乘柴车,从两吏,冀州刺史上其仪序失中,有损国体,左转下邳令。夷吾尤善风角占候,尝豫克死日,如期果卒。敕其子曰:"汉末当乱,有发冢露骸之祸,使悬棺下葬,墓不起坟。

武源令杨圣仪扶

杨扶,字圣仪,浦江人。为武源令,有惠政,人为之谣曰:"杨圣仪,政多奇。"官终交州刺史。

小黄令徐敬卿栩

徐栩,字敬卿,由拳人。少为狱吏,执法详平,迁小黄令。时陈留遭蝗,野无遗草,过小黄,飞逝不集。刺史行部,奏栩他事,栩弃官,蝗应声至,刺史丑,谢令还舍,蝗即远去,复为长沙太守。

武 功

都护西域骑都尉郑吉

郑吉,会稽人也,以卒伍从军,数出西域,由是为郎。吉为人强执,习外国事。自张骞通西域,李广利征伐之后,初置校尉,屯田渠黎。至宣帝时,吉以侍郎田渠黎,积谷,因发诸国兵攻破车师,迁卫司马,使护鄯善以西南道。神爵中,匈奴乖乱,日逐王先贤掸欲降汉,使人与吉相闻。吉发渠黎、龟兹诸国五万人迎日逐王,口万二千人、小王将十二人,随吉至河曲,颇有亡者,吉追斩之,遂将诣京师,汉封日逐王为归德侯。吉既破车师,降日逐,威震西域,遂并护车师以西北道,故号都护。都护之置自吉始。上嘉其功勤,乃下诏曰:"都护西域骑都尉郑吉,拊循外蛮,宣明威信,迎匈奴单于从兄日逐王众,击破车师兜訾城,功效甚著,其封吉为安远侯,食邑千户。"吉于是中西域而立幕府,治乌垒城,镇抚诸国,诛伐怀集之。汉之号令班西域矣,始自张骞而成于郑吉。语在《西域传》。吉薨,谥曰缪侯。子光嗣,薨,无子,国除。元始中,录功臣不以罪绝者,封吉曾孙永为安远侯。

零陵太守杨机平璇

杨璇,字机平,会稽乌伤人。初举孝廉,稍迁至零陵太守。是时,苍梧、桂阳滑贼相聚,攻郡县,贼众多而璇力弱,吏人忧恐,璇乃特置马车数十乘,以排囊盛石灰于车上,系布索于马尾,又为兵车,专毂弓弩。克期会战,乃令马车居前,顺风鼓灰,贼不得视,因以火烧布,布然马惊,奔突贼阵,因使后车弓弩乱发,钲鼓鸣震。群盗波骇破散,追逐伤斩无数,枭其渠帅,郡境以清。荆州刺史赵凯,诬奏璇实非身破贼,而妄有其功。璇与相章奏,凯有党助,遂槛车征璇。防禁严密,无由自讼,乃噬臂出血,书衣为章,具陈破贼形势,又言凯所诬状,潜令亲属诣阙通之。诏书原璇,拜议郎,凯反受诬人之罪。璇三迁为渤海太守,所在有异政,以事免。后尚书令张温特表荐之,征拜尚书仆射。以病乞骸骨,卒于家。

德 业

合浦太守孟伯周尝

孟尝,字伯周,会稽上虞人也。少修操行,仕郡为户曹史。上虞有寡妇,至孝养姑。姑年老寿终,夫女弟先怀嫌忌,乃诬妇厌苦供养,加鸩其母,列讼县庭,郡不加察,遂结竟其罪。尝先知枉状,备言之于太守,太守不为理。尝哀泣门外,因谢病去,妇竟冤死。自是郡中连旱三年,祷请无所获。后太守殷丹到官,访问其故,尝诣府具陈寡妇冤诬之事,因曰:"昔东海孝妇,感天致旱,于公一言，甘泽时降。宜僇讼者，以谢冤魂，庶幽枉获伸，时雨可期。"丹从之，即刑讼女而祭妇墓，天应澍雨，谷稼以登。尝后举孝廉茂才，拜徐令。州郡表其能，迁合浦太守。郡不产谷实，而海出珠宝，与交趾比境，常通商贩，质籴粮食。先时宰守并多贪秽，诡人采求，不知纪极，珠遂渐徙于交趾郡界。于是行旅不至，人物无资，贫者死饿于道。尝到官，革易前政，求民病利，曾未逾岁，去珠复还，百姓皆复其业，商货流通，称为神明。以病自上，被征当还，吏民攀车请之。尝既不得进，乃载乡民船夜遁去。隐处穷泽，身自耕佣，邻县士民慕其德，就居止者百余家。桓帝时，尚书同郡杨乔上书荐尝曰："臣前后七表言故合浦太守孟尝，而身轻言微，终不蒙察，区区破心，徒然而已。尝安仁弘义，耽乐道德，清行出俗，能干绝群，前更守宰，移风改政，去珠复还，饥民蒙活。且南海多珍，财产易积，掌握之内，价盈兼金，而尝单身谢病，躬耕垄次，匿景藏采，不扬华藻，实羽翮之美用，非徒腹背之毛也。而沉沦草莽，好爵莫及，廊庙之宝，弃于沟渠。且年岁有讫，桑榆行尽，而忠贞之节，永谢圣时，臣诚伤心，私用流涕。夫物以远至为珍，士以希见为贵，爨木朽珠，为万乘用者，左右为之容耳。王者取士，宜拔众之所贵。臣以斗筲之姿，趋日月之侧，思立微节，不敢苟私乡曲，窃感禽息，亡身进贤。"尝竟不见用。年七十，卒于家。

才 望

江夏太守贺仲真纯

贺纯，字仲真，山阴人。少为诸生，博极群艺，三举贤良皆不

225

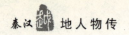

就,复征议郎,数陈灾害,上便宜数十事,多见省纳,官终江夏太守。

吴郡太守盛孝章宪

盛宪,字孝章,会稽人。举孝廉,补尚书郎,稍迁吴郡太守。以疾去官,居余姚。孙策平定吴会,诛其英豪不附己者。宪素有盛名,策深忌之。少府孔融忧其不免,致书曹操,称孝章"丈夫之雄,天下谈士依以扬声,宜有以引拔之。"操征为骑都尉。操命未至,果为孙策所害。子巨奔魏,官至征东司马。军中郎将。

恬 裕

丘 滕

丘滕,吴兴人。光武朝,历公卿二千石,澹然无欲,每自处不争之地。壮岁挂冠,屏居田里,乃于先人故茔傍,与弟子筑室而居,席帘不蔽,而吟诵不辍。经其户者,无不知为君子。

韩 绩

韩绩,嘉兴人,少好文学,性恬默不交当世,东土称之。成帝时以安车束帛征为国子博士,力辞不起,以布衣终。

风　节

龙丘苌

龙丘苌,太末人,隐居九峰岩,义不降辱,王莽连辟不起。更始元年,任延为会稽都尉,掾吏,白请召苌。延曰:"龙丘生躬履德义,有伯夷、原宪之节,都尉洒埽其门,犹惧辱焉,宁敢召之。"遣功曹奉谒,疾致医药,吏使相望于道。岁余,延躬诣苌,乃署仪曹祭酒,寻谢病去。

严子陵光

严光,字子陵,余姚人。一名遵,本姓庄,避显帝讳,讳庄曰严。光少有高名,梅福妻之以女。光武微时,尝与光同学,及即位,乃变姓名,隐身不见。帝思其贤,下令物色之。后齐国上言:"有一男子,披羊裘钓泽中。"帝疑是光,乃备安车玄纁,遣使聘之,三反而后至。车驾即日幸其馆,光卧不起,帝即其卧所,抚光腹曰:"咄咄子陵,不可相助为理邪?"光不应良久,乃张目熟视,曰:"昔唐尧著德,巢父洗耳,士固有志,何至相迫乎!"帝曰:"子陵,我竟不能下汝邪?"于是升舆叹息而去。复引光入,论道旧故,相对累日。帝从容问光曰:"朕何如昔时?"对曰:"陛下差增于往。"因共偃卧,光以足加帝腹上,明日,太史奏客星犯帝座甚急。帝曰:"朕故人严子陵共卧耳。"除谏议大夫,不屈,乃耕于富春山。后人名其钓处为严陵濑云。

会稽太守陈业

陈业,上虞人。初为会稽太守,洁身清行,遭汉中微,委官去,隐于黟歙间。朱育称其"高邈妙踪,天下所闻"。

高 隐

张齐芳

张齐芳,骠骑将军意之子,历官中书郎,无心用世。退隐句章之灵山,采山钓水以自适,人皆贤之,遂以其父之官名其山曰骠骑,立祠祀焉。

张伋

张伋,余杭人。好学有贤德,不乐荣利,开圃种瓠,以所贸钱造桥,俗谓之葫芦桥。

陆文该玮

陆玮,字文该,钱塘人。汉季时艰,纳禄归隐于灵鹫山莲花峰下。

文 苑

严夫子忌

严忌，本姓庄，避明帝讳，称严，由拳人也。忌与司马相如俱好辞赋，哀屈原受性忠贞，不遇明主，而遭暗世，乃斐然作辞，叹而述之，曰《哀时命》。遭景帝不好辞赋，无所得志。闻梁孝王右文通宾客，乃徒步入梁，受知孝王，与邹阳、枚乘俱见尊重，而忌名尤甚，世称严夫子。

严侍中助

严助，忌子也，或言族子。武帝时，郡举贤良，对策百余人，帝善助对，擢中大夫。是时，帝务开边，屡举贤良文学，令助等与公孙弘辩论，中外相应以义理之文，大臣数诎。而助独亲幸，吾丘寿王、司马相如、东方朔、枚皋不及也。建元三年，闽越围东瓯，诏助持节发兵救之，助风谕南粤，遣其子入侍，又谕淮南王，发兵临粤，帝益贤助。尝侍燕从容，上问助居乡里时，助对曰："家贫，为友婿富人所辱。"上问所欲，助曰："愿为会稽太守。"于是拜会稽太守，数年不闻问。乃赐书曰："君厌承明之庐，劳侍从之事，怀故土，出为郡吏。会稽东接于海，南近诸越，北枕大江。间者阔焉，久不闻问，具以《春秋》对，毋以苏秦从横。"助恐，上书谢，"愿奉三年计最。"诏留侍中。后淮南王反，以助尝受赂遗，帝意薄其罪，御史大夫张汤以为腹心之臣，而外与诸侯私交，不诛，后不可治。竟论杀之，归葬由拳。

方 技

赵公阿炳

赵炳,字公阿,东阳人。能为越方以气禁人,人不能起。禁虎,虎伏地,低头闭目,便可执缚。以大钉钉柱,入尺许,以气吹之,钉即跃出,射去如弩之发机。以盆盛水,吹气作禁,鱼龙立见。时遭兵乱,疾疫大起,与闽人徐登遇于乌伤溪上,相谓曰:"今既同志,且可各试所能。"登乃禁溪水,水为不流。炳复禁枯木,木即生荑。二人相视而笑,共行其道,贵尚清俭,礼神惟以东流水为酌,削桑皮为脯,但行禁术,所疗皆除。后登物故,炳东入章安,百姓未之知,炳乃故升茅屋,支鼎而爨。主人惊愬,炳笑不应,既而爨熟,屋茅无损。又尝临水求渡,船人不许,炳乃张盖坐其中,长啸呼风,乱流而济。于是百姓神服,从者如归。没后,人为立祠于永康,至今,蚊蚋不能入。

谢尧卿夷吾

谢夷吾,字尧卿,会稽山阴人也。少为郡吏,学风角占候,太守第五伦擢为督邮。时乌程长有臧釁,伦使收案其罪,夷吾到县无所验,但望阁伏哭而还,一县惊怪,不知所为。及还,白伦曰:"窃以占候,知长当死,近三十日,远不过六十日,游魂假息,刑无所加,故不收之。"伦听其言,至月余,果有驿马赍长印绶,上言暴卒。伦以此益礼信之。举孝廉,为寿张令,迁荆州刺史,豫克死日,如期果卒。敕其子曰:"汉末当乱,必有发掘露骸之祸,使悬棺

下葬，墓而不坟。"

韩叔儒说

韩说，字叔儒，会稽山阴人也。博通五经，尤善图纬之学，举孝廉，与议郎蔡邕尤善，数陈灾眚及奏赋诵连珠，稍迁侍中。光和元年十月，说言灵帝云："其晦日必食，乞百官严装。"帝从之，果如所言。中平二年二月，又上封事，克期宫中有灾，至日南宫大火。迁说江夏太守，以公事免，年七十卒于家。

列 女

曹盱女娥

曹娥，上虞人。父盱，能抚节按歌，婆娑乐神，汉安二年五月迎伍君，逆涛而上，为水所淹，不得其尸。时娥年十四，乃沿江号哭，昼夜不绝声，旬有七日，投衣于水，祝曰："父尸所在，衣当沉。"衣随流至一处而沉，娥遂随衣而没，经五日，负父尸出。元嘉元年，上虞长度尚改葬娥于江南道傍，为立碑，属魏郎作文，久之未就。时尚弟子邯郸淳年二十，聪明才赡，而未知名，乃令作之，挥笔立就，其词甚美。蔡邕闻之来观，值夜，以手摸其文而读之，题曰："黄绢幼妇，外孙齑臼。"又曰："三百年后，碑当堕，欲堕不堕遇王巨。"碑有王右军所书小字，新定吴茂先尝刻于庙中，后为好事者持去。

吴计昇妻吕荣

吕荣，由拳人，吴计昇妻。昇少为博徒，不理操行，荣躬勤纺绩，以养姑嫜。数劝昇修学，昇有不善，辄流涕进规。荣父积忿昇，呼荣欲改适焉，荣曰："命之所遭，义无离贰！"终不肯归。昇感激自励，乃寻师远学，遂以成名。寻被本州辟命，行至寿春，为盗所害，刺史尹耀捕盗得之。荣迎丧于路，诣州请甘心仇人，荣乃手断其头，哭祭昇柩。巨族多欲聘之，誓不再嫁。黄巾贼陈宝欲犯之，荣执节不听，逾垣而走，宝拔刀追之，曰："从我则生，不从我则死。"荣曰："义不以身受辱！"遂被杀。须臾，疾风暴雨，雷电晦冥，宝惧叩头谢罪，请为殡葬，风雨姑息。吴郡太守麋豹闻荣高节，遣主簿祭，又出钱助县为冢于由拳郭里墟北，名"吴义妇坟"。

寓 贤

吴 羌

吴羌，不知何郡人。汉平帝时，隐居畊作，世无所慕。王莽居摄，天下大乱，羌携妻子，随梅福东隐于吴门，后徙乌程余不乡，以溪南山水纡郁，遂避迹焉。人因名其所居曰吴羌山。

钱元茂林

钱林，字元茂，徐州人。建平中为谏议大夫，后王莽专政，弃官来隐于平望乡陂门里梓山之东穿庵造村，背山临流，子孙因家

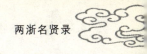

焉。今长兴吉祥乡有陂门里，或古平望乡也。其后子孙繁衍，晋宋齐梁间多显宦，遂为邑中之著姓云。

袁卫尉忠 子秘附

袁忠，汝阳人，安玄孙也。与同郡范滂为友，同陷党狱得释。初平中为沛相，乘苇舟到官，以清亮称。及天下乱，弃家隐于上虞，后征为卫尉，未至卒。子秘击黄巾贼战死，诏旌其门。时同死者七人，号为"七贤"。

太尉施君子延

施延，字君子，沛国靳人，寓海盐。明五经，旁通星官风角。家贫尝赁作半逻亭，食其力以养母，人不识也。山阴冯敷为吴郡督邮，过亭，延洒扫道上，敷知其贤，下车谢之。推食解衣，与之钱，不受。顺帝初，征拜侍中，位至太尉。

蔡伯喈邕

蔡邕，字伯喈，陈留人。汉灵帝时为议郎，上封事，忤中常侍，邕与家属，髡钳徙朔方，会赦还。王甫弟智守五原，饯之。酒酣，智起舞属邕，邕不为礼，智恨之，诬以怨谤，邕乃亡命江海，远迹吴会。尝经会稽柯亭，见屋椽竹，取以为笛，吹之，声韵奇绝。又书曹娥碑，阴八字云"黄绢幼妇，外孙齑臼"，即其时也。

许司徒靖

许靖,汝南人。举孝廉,与从兄邵俱有人伦臧否之鉴。董卓之乱,去隐会稽。后仕蜀,累官太傅司徒。

陆仲芳璿

陆璿,字仲芳,毗陵人。明京氏易、尚书,风角、星筭皆精,辟主簿,视事旬日,即谢病,隐会稽以终。

桓文林晔

桓晔,字文林,龙亢人,荣之五世孙也。仕郡为功曹,举孝廉方正,皆不应。初平中,避地会稽,止故鲁相钟离意舍。越人化其节,闾里不争讼,太守王朗给服食牛羊,悉不受。

孔　潜

孔潜,鲁人,宣圣十七代孙。汉末为太子少傅,世乱解官,避地会稽,遂世为郡人。孔道隆、孔觊皆其后也。

参考文献

一、古籍与相关著作

(1) 汉·司马迁:《史记》,中华书局 1959 年版。

(2) 汉·班固:《汉书》,中华书局 1962 年版。

(3) 宋·范晔:《后汉书》,中华书局 1965 年版。

(4) 晋·陈寿:《三国志》,中华书局 1971 年版。

(5) 晋·葛洪:《神仙传》,文渊阁《四库全书》本,台湾商务印书馆 1986 年版。

(6) 梁·沈约:《宋书》,中华书局 2003 年版。

(7) 唐·欧阳询:《艺文类聚》,上海古籍出版社 1995 年版。

(8) 唐·徐坚等:《初学记》,中华书局 2004 年版。

(9) 宋·司马光:《资治通鉴》,中华书局 1956 年版。

(10) 宋·李昉等:《太平御览》,中华书局 1960 年版。

(11) 宋·陈耆卿:《赤城志》,文渊阁《四库全书》本,台湾商务印书馆 1986 年版。

(12) 宋·罗愿:《新安志》,文渊阁《四库全书》本,台湾商务印书馆 1986 年版。

(13) 宋·洪适:《隶释》,文渊阁《四库全书》本,台湾商务印书馆 1986 年版。

(14) 宋·赵明诚:《金石录》,文渊阁《四库全书》本,台湾商务印书馆 1986 年版。

（15）明·李贤等：《明一统志》，文渊阁《四库全书》本，台湾商务印书馆1986年版。

（16）明·欧大任：《百越先贤志》，文渊阁《四库全书》本，台湾商务印书馆1986年版。

（17）清·赵宏恩等：《江南通志》，文渊阁《四库全书》本，台湾商务印书馆1986年版。

（18）清·倪涛：《六艺之一录》，文渊阁《四库全书》本，台湾商务印书馆1986年版。

（19）清·钱大昕：《廿二史考异》，凤凰出版社2008年版。

（20）清·王先谦：《汉书补注》，中华书局1983年版。

（21）清·王先谦：《后汉书集解》，中华书局1984年版。

（22）清·李慈铭：《越缦堂日记》，上海古籍出版社2000年版。

（23）严耕望：《两汉太守刺史表》，商务印书馆1948年版。

（24）卢弼：《三国志集解》，中华书局1982年版。

（25）徐规：《浙江分县简志》，浙江人民出版社1983年版。

（26）洪焕椿：《浙江方志考》，浙江人民出版社1984年版。

（27）黄晖：《论衡校释》，中华书局1990年版。

（28）余嘉锡：《四库提要辨证》，云南人民出版社2004年版。

（29）陈桥驿：《水经注校证》，中华书局2007年版。

（30）吴顺东：《白话三国志》，岳麓书社2008年版。

（31）吴树平：《东观汉记校注》，中华书局2008年版。

（32）浙江省民政厅：《浙江建置区划沿革》，浙江大学出版社2009年版。

二、相关论文

（1）郑炳林："秦汉吴郡会稽郡建置考"，《兰州大学学报》（社

会科学版),1988(3)。

（2）贡绍海："略论汉代督邮",《山东师大学报》(社会科学版),1988(4)。

（3）谢增寅："古谢邑今址考",《南都学坛》(社会科学版),1989(1)。

（4）叶建华:"浙江史学探源—论《越绝书》、《吴越春秋》的文化意义",《浙江学刊》,1989(1)。

（5）马国荣："论西域都护府",《新疆社科论坛》,1991(2)。

（6）张觉:"《吴越春秋》考",《中国图书馆学报》(双月刊),1994(1)。

（7）孙家洲:"汉代民俗与巫风初探",《世界宗教研究》,1994(4)。

（8）汤其领:"东汉道士探析",《徐州师范学院学报》(哲学社会科学版),1994(4)。

（9）孙家洲:"汉代巫术巫风探幽",《社会科学战线》,1994(5)。

（10）仓修良:"《吴越春秋辑校汇考》序",《浙江大学学报》,1996(9)。

（11）陈桥驿:"论吴越文化研究",《杭州师范学院学报》,1997(1)。

（12）张承宗:"三国'吴四姓'考释",《江苏社会科学》,1998(3)。

（13）李志庭:"秦汉政府在浙江的人口政策",《浙江学刊》(双月刊),1998(5)。

（14）洪涛:"汉西域都护府的建立及其历史地位",《西域研究》,1999(3)。

（15）梁宗华:"论《吴越春秋》的作者和成书年代",《苏州大学学报》,1999(3)。

(16) 韦若任:"《哀时命》为严忌代屈原设言辨——兼与《〈楚辞·哀时命〉试论》之作者商榷",《武汉教育学院学报》,1999(8)。

(17) 方诗铭:"读《檄吴将校部曲文》",《史林》,2000(4)。

(18) 董楚平:"汉代的吴越文化",《杭州师范学院学报》(人文社会科学版),2001(1)。

(19) 余江:"梁苑辞赋集团简论",《漳州师范学院学报》(哲学社会科学版),2001(3)。

(20) 刘亦冰:"绝妙好辞《曹娥碑》",《绍兴文理学院学报》,2002(4)。

(21) 王永平:"'江表儒宗':会稽贺氏之家风与家学",《许昌师专学报》,2002(6)。

(22) 胡秋银:"汉魏士人隐逸观",《中国社会科学院研究生院学报》,2003(5)。

(23) 马亮宽:"略论两汉之际的士人群体",《聊城大学学报》(社会科学版),2003(6)。

(24) 王永平:"陆逊与孙权之关系及其政治悲剧之原因考论",《扬州大学学报》(人文社会科学版),2005(1)。

(25) 李彤:"汉代礼教影响下的夫妇关系",《石油大学学报》(社会科学版),2005(4)。

(26) 滕雪慧:"汉代吴越人才分布特点及原因初探",《江苏教育学院学报》(社科版),2005(4)。

(27) 万晴川:"《越绝书》、《吴越春秋》与道家思想",《浙江学刊》,2005(5)。

(28) 王永平、姚晓菲:"顾雍论——从一个侧面看江东大族与孙吴君权之关系",《江海学刊》,2005(5)。

(29) 王继训:"汉代'隐逸'考辨",《理论学刊》,2005(5)。

（30）李端阳："汉孝子'董黯'与'董城'考",《武汉文博》,2006（3）。

（31）李明珠："'渔父'形象的文化意义",《中国社会科学院研究生院学报》,2006（6）。

（32）杨云峰："浅析汉代游民",《宁夏大学学报》（人文社会科学版）,2006（6）。

（33）刘伟航："论三国时期的'君臣之义'",《史学月刊》,2006（9）。

（34）许殿才："《吴越春秋》说略",《史学史研究》,2007（1）。

（35）朱子彦："论陆逊",《史学月刊》,2007（7）。

（36）刘方："严光的再塑造与宋代隐士典范的重构",《湖州师范学院学报》,2007（8）。

（37）霍建波："正史隐士传考论",《甘肃社会科学》,2008（1）。

（38）樊祥恩："《吴越春秋》的四大主题",《西南农业大学学报》（社会科学版）,2008（1）。

（39）王子今："'和合'思想主导下的汉代江南经济开发与社会进步",《石家庄学院学报》,2008（3）。

（40）李小红："东汉孝女曹娥原为'巫女'考论",《浙江社会科学》,2009（5）。

（41）曹美娜："《吴越春秋》作者赵晔生平解说与考证",《重庆工学院学报》（社会科学版）,2009（9）。

（42）杨再年："'孙钟种瓜'传说刍议",《镇江高专学报》,2010（2）。

（43）严其林："孙钟事迹与传说考析",《镇江高专学报》,2010（2）。

致　谢

　　这本书能够出版面世,首先要感谢王颖教授。正是他不断地鼓励,才使我最终鼓起勇气打通了编辑王晴女士的电话。2008年,当我以"秦汉越地人物传"为题申报各种课题的时候,张嵎教授还是我的指导教师,感谢他对我的照顾。2007年9月26日,第一次来到舟山,感谢柳和勇教授把我和我的爱人引到这里帮我们解决工作、生活上的许多问题。历史系和中文系有许多同事与我关系亲密,感谢他们对我的帮助。本书出版得到浙江海洋学院出版基金资助,在此表示感谢。

余全介

闻莺苑桂花城

图书在版编目(CIP)数据

秦汉越地人物传/余全介著. —杭州：浙江大学出版社，2011.9

ISBN 978-7-308-09071-1

Ⅰ.①秦… Ⅱ.①余… Ⅲ.①历史人物－列传－浙江省－秦汉时代 Ⅳ.①K820.855

中国版本图书馆 CIP 数据核字（2011）第 184653 号

秦汉越地人物传

余全介 著

责任编辑	王　晴	
封面设计	刘依群	
出版发行	浙江大学出版社	
	（杭州市天目山路 148 号　邮政编码 310007）	
	（网址：http://www.zjupress.com）	
排　　版	杭州大漠照排印刷有限公司	
印　　刷	杭州杭新印务有限公司	
开　　本	880mm×1230mm　1/32	
印　　张	8	
字　　数	230 千	
版 印 次	2011 年 9 月第 1 版　2011 年 9 月第 1 次印刷	
书　　号	ISBN 978-7-308-09071-1	
定　　价	25.00 元	

版权所有　翻印必究　印装差错　负责调换

浙江大学出版社发行部邮购电话（0571）88925591